JÖRG PFENNINGSCHMIDT
JONAS REIF

Hier wächst nichts

NOTIZEN AUS UNSEREN GÄRTEN

Dich will ich loben: Häßliches,
du hast so was Verläßliches.
Das Schöne schwindet, scheidet, flieht –
fast tut es weh, wenn man es sieht.
Wer Schönes anschaut, spürt die Zeit,
und Zeit meint stets: Bald ist's soweit.
Das Schöne gibt uns Grund zur Trauer.
Das Häßliche erfreut durch Dauer.

Robert Gernhardt

JÖRG PFENNINGSCHMIDT
JONAS REIF

Hier wächst nichts

NOTIZEN
AUS UNSEREN
GÄRTEN

Garten

Ein **Garten** ist ein abgegrenztes Stück Land, in dem Pflanzen (siehe auch Gartenarbeit, Schädlinge, Krankheiten, Siechtum) gepflegt werden.

Gärten werden nicht nur mit dem Ziel angelegt, sich daraus zu ernähren (Nutzgarten, Sporadische Gemüseschwemme und Brokkoliallergie), sondern auch, um einem spirituellen (Gartenbuddha) oder therapeutischem (THC-Gehalt von Freiland-Cannabis) Zweck zu dienen. Die häufigste Nutzung eines Gartens dient allerdings zur Erholung (Gartenarbeit, siehe Foto nächste Seite), zur Freizeitgestaltung (Gartenarbeit) und zur Kindererziehung (Gartenarbeit).

Etymologie des Wortes Garten

Der deutsche Begriff **Garten** leitet sich etymologisch vom indogermanischen *garten* ab. Gemeint sind damit umfriedete Bereiche aus Prunus laurocerasus (Kirschlorbeer-Knast) oder Thuja (florale Depressionen). Das Wort *Garten* bezeichnet über gotisch *garde* ursprünglich „das (mit Gerten) umzäunte Gelände", während die von einem *lebenden Zaun* umstandene Fläche im Wortfeld Heckenschere zu finden ist. Das versteht jetzt zwar keiner, führt aber direkt zum Begriff Sichtschutz. Schon antike Darstellungen zeigen ummauerte Gärten (die Gabionen von Jericho).

Wichtige Daten der Gartengeschichte [Kurzfassung]

Gartenbau wurde nachweislich erst ab dem 31.10. 2812 v. Chr. betrieben. Davor war Vogelschutzzeit. Erste Beweise für Gartenaktivitäten in der Vorgeschichte der Menschheit finden sich als Kult-Malereien in den Felsengräbern von Beni Hassan (Ägypten). Die in den Stein geritzten Zeichnungen zeigen Männer mit primitiven Laubbläsern.

Ein Gartenhäuschen zum Aufbewahren von Fahrrädern, unnützem Werkzeug und verbotenen Pestiziden wird erstmals um 1300 in der „Großen Heidelberger Liederhandschrift" von Walther von der Vogelweide erwähnt.

1517 veröffentlicht Martin Luther seine 17 Thesen zur Rasenpflege. Seitdem gilt sein Satz „In der Woche zwier, schadet weder ihm noch mir." als goldene Regel zur Häufigkeit des Rasenmähens.

1931 schenkt uns Kurt Tucholsky in seinem Roman „Schloss Gripsholm" den Ausdruck „die Seele baumeln lassen". Danach wurden jegliche Bemühungen um eine originelle oder neue Wortwahl bei der Beschreibung eines schönen Gartens eingestellt. Die Seele baumelt jetzt pausenlos auf öden Gartenwebsites, in schnarchigen Gartenbüchern und in jedem Text, der irgendwie süßlich vom Garten schwadroniert. Tucholsky ist der letzte der sich dafür schämen sollte.

Trivia

2017 erscheint eine Immobilienanzeige für den Verkauf eines Hauses mit dem Text „Endlich! Nie wieder Gartenstress: Ein Haus ohne Garten!". Damit ist der Höhepunkt der abendländischen Gartenkultur erreicht.

Wie ich *Gärtner* wurde

**Als Kind habe ich Gartenarbeit gehasst.
Ich mochte den ganzen Garten meiner Eltern nicht.**

Er war ein typischer Garten, wie er Anfang der Sechziger Jahre des letzten Jahrtausends in Folge des Wirtschaftswunders angelegt wurde. Recht groß für heutige Verhältnisse, mit ein paar Obstbäumen, ein paar Beerensträuchern, einem großen Rosenbeet mit der berühmten 'Gloria Dei', die von Nelken eingerahmt wurde, ein paar verstreuten Stauden wie Phlox und Eisenhut, ein paar Wacholdern im Heidegarten, einer Hänge-Zierkirsche am Eingang und einem *Cotoneaster*. Hauptsächlich bestand der Garten aber aus der großen, mittigen Rasenfläche und einigen Serbischen Fichten drum herum. Der Knaller des Gartens war zweifellos das Planschbecken aus Beton (Pool sagte man dazu nicht). Rund zwei Meter tief, innen leuchtend hellblau angemalt, mit einem Beckenrand aus weißen Kacheln, die sich im Laufe der Jahre im Frost auflösten. Das Wasser war natürlich nicht geheizt, wurde aber bewegt von einem lebensgroßen, steinernen Pinguin, der lustig Wasser durch seinen Schnabel spritzte.

Anfang der siebziger Jahre war wohl die Erinnerung an den Hunger der Kriegszeit verflogen, denn es wurde nichts mehr „eingeweckt" und deshalb verschwanden die meisten Obstbäume. Und das Planschbecken. Und der Heidegarten. Dafür zogen jetzt Rhododendren ein und noch mehr Serbische Fichten. Der Begriff pflegeleicht ist keinesfalls eine Erfindung der letzten zehn Jahre. Der Garten war unendlich öde und erstarrt. Rosen, Rasen, Rhododendron war die Abfolge von der Terrasse des Hauses. Und da mein Fußball öfter entweder in den Rosen landete oder in einer Waschbetonschale mit Geranien, die mitten im Rasen stand, wurde Fußballspielen im Garten verboten.

Statt den Garten nutzen zu können, wurde ich immer häufiger zu seiner Pflege herangezogen. Spannende Arbeiten warteten auf mich. Rasen abharken nach dem Mähen. Laub abharken vom Rasen. Kantenstechen zwischen Rasen und Rosenbeet. Dornenheckenschnitt zusammen harken. Helfen. Schnur halten. Leiter halten. Mund halten. Mal mit anfassen.

Nie im Leben schaffe ich mir einen Garten an!

Allerdings gab es auch andere Gärten in der Nachbarschaft. Gärten mit Stauden wie dem Tränenden Herz und Geißbart, der mich als Kind mit seiner Höhe und den weißen Rispen schwer beeindruckt hat. Diese Stauden fand ich geheimnisvoll und schön, genau wie die Kuhschellen im Urlaub bei meiner Tante in Tirol oder die Buschwindröschen bei uns im nahen Wald.

*1964 waren
Pusteblumen der
letzte Schrei.*

Der nächste Kontakt mit Pflanzen war viel erfreulicher als der im elterlichen Garten. Ich hatte mehrere Aquarien. Und dazu gehören eben nicht nur Fische, sondern auch Pflanzen. Auf diese Weise bekam ich zum ersten Mal Kontakt mit der botanischen Nomenklatur. Wenn auch nur der tropischen Unterwasserpflanzen. Aber auch da lernt man, dass ohne Rücksicht auf das Wollen einer Pflanze, das Wachsen nicht funktioniert. Und man lernt die Grundzüge der Gestaltung. Denn ob auf der winzigen Fläche eines Aquariums oder der eines Gartens: Die Gesetze, einen Raum interessant zu gestalten, ihm Tiefe zu geben und ihn größer wirken zu lassen als er ist, sind dieselben.

Irgendwann zu dieser Zeit habe ich eine Fahrt durch England gemacht. Auf meiner Tour lag auch Sissinghurst Castle, das laut Reiseführer einen berühmten Garten haben sollte. Ich hatte keine Ahnung, dass man überhaupt Gärten besichtigen kann und dementsprechend unbeholfen bin ich damals durch diese fantastische Anlage gestolpert. Die Besucher, die andächtig die Pflanzenschilder abschrieben und die Pflanzen beim Namen kannten, fand ich nur kurios britisch. Trotzdem ich nicht eine einzige Pflanze kannte, hat mich der Garten beeindruckt und ich kann mich tatsächlich noch genau an die unterschiedlichen Räume dieses Gartens und seine verschiedenen Stimmungen erinnern.

Mit einem eigenen, rund tausend Quadratmeter großen Garten wurde der nächste Schritt auf dem Weg zum Gärtner getan. Allerdings interessierte mich damals nur die Möglichkeit, durch den Bau eines Teiches meine Fische mit Wasserflöhen versorgen zu können. Den Rest des Gartens habe ich meiner damaligen Frau überlassen. Für Rosen. Für die Bepflanzung des Teiches habe ich den ersten Pflanzenkatalog in die Hand bekommen. Von der Firma Karl Wachter, dem Spezialisten für Wasserpflanzen. Dieser Katalog hatte neben den Wasser- und Sumpfpflanzen auch noch ein großes Sortiment an „normalen" Stauden im Angebot, die immer mit komischen Kürzeln wie GR1 oder FS2 beschrieben wurden. Die Einordnung der Pflanzen in Lebensbereiche, die hinter diesen Kürzeln stand, fand ich einleuchtend und verständlich.

Daraufhin wurde das Buch von Richard Hansen und Friedrich Stahl „Die Stauden und ihre Lebensbereiche" gekauft und dann anhand dieses Buches und des Wachter-Kataloges ein erstes Beet im Schatten geplant und bepflanzt. Den Plan habe ich noch. Viel zu kleinteilig und viel zu viel durcheinander würde ich aus heutiger Sicht sagen. Aber keine groben Fehler in der Pflanzenauswahl. Und so ging das weiter. Es kamen mehr und mehr Kataloge ins Haus. Der Rasen wurde immer kleiner, denn hier entstand noch ein Beet und dort noch ein Beet. Alle akribisch geplant und mit Buntstift gezeichnet. Meiner damaligen Frau blieben bei diesem Eifer nur ein paar Rosen im Garten.

Rund drei Jahre später, der Rasen war auf eine Fläche geschrumpft, die knapp zum Aufstellen eines Liegestuhles reichte, erfuhr ich von der Existenz der Gesellschaft der Staudenfreunde, die sich, welch Glück, in zwei Wochen in einem Garten in Hamburg-Langenhorn treffen sollten. Also bin ich dort hingeradelt, habe mich beim Gastgeber Herrn Denkewitz vorgestellt und bin mit vielen anderen an einem Samstag im Mai bei schönstem Wetter durch dessen Garten gegangen. Es war wieder wie einst in Sissinghurst. Beeindruckend, umwerfend, verwirrend, aber ich kannte nicht eine Pflanze. Denn die normalen Pflanzen der Pflanzenkataloge waren hier nicht zu finden. Der Garten war vollgestopft mit Seltenheiten, Raritäten, Sonderformen und Eigenzüchtungen. Für normale Stauden, wie ich sie kannte und in meinem Garten hatte, war hier längst kein Platz mehr. Aber man zeigte Verständnis mit Neulingen wie mir, erklärte alles und gab von den Pflanzenschätzen bereitwillig ab.

Selten habe ich so freigiebige und großzügige Menschen getroffen wie bei den Staudenfreunden

in Hamburg, denn mir wurden Pflanzen geschenkt, die es nirgends zu kaufen gab oder für die sonst extrem hohe Preise verlangt werden. „Hier, nimm mal mit!", hieß es dann, „Und wenn die Pflanze bei mir mal eingeht, dann bekomm ich wieder ein Stück zurück."

Geprägt durch die Bekanntschaft mit einigen echten Freaks der Staudenszene wurde mein Garten mehr und mehr zum Sammlergarten. Ich habe alles gesammelt und in den Garten geschleppt, was schwierig zu halten, langsam wüchsig oder selten ist. Sammlungen von seltenen Farnen, Elfenblümchen, Schneeglöckchen, Lenzrosen, Alpenveilchen, Phloxen und Salomonssiegeln besiedelten mehr oder weniger erfolgreich zusammen mit Tausenden von anderen Pflanzen meinen Garten. Mehr oder weniger erfolgreich bedeutet, dass die Zahl der Pflanzen, die meinen Garten nicht überlebten, beschämend hoch war. Lilien aus den Bergwiesen des Himalayas fühlen sich in einem Hamburger Vorort nicht wirklich heimisch und geben nach spätestens zwei Jahren einfach auf.

Ständig habe ich den Garten umgebaut, habe wild experimentiert und dabei Erfahrungen gesammelt.

Irgendwann habe ich gemerkt, dass es gut war, Raritäten und zimperliche Pflanzen einmal kennengelernt zu haben, es für meine Nerven und das Aussehen des Gartens aber erheblich vorteilhafter ist, sich mit den Stauden zu beschäftigen, die gut sind, weil sie in meinem Garten gut funktionieren.

Die Idee, mein erworbenes Wissen über Stauden beruflich zu nutzen, ist mir erst gekommen, als ein Garten- und Landschaftsbauer aus der Nachbarschaft mich gefragt hat, ob ich ihm bei der Bepflanzung eines Gartens helfen könnte. Ich hatte immer gedacht, dass das eigentlich zum Grundwissen seines Berufes gehört, wurde dann aber belehrt, dass man sich im Garten- und Landschaftsbau nur in absoluten Ausnahmefällen mit Stauden und Staudenpflanzungen beschäftigt.

So habe ich begonnen, die Gärten anderer Menschen zu bepflanzen. Als Gärtner habe ich mich zu diesem Zeitpunkt aber nicht bezeichnet. Dafür war ich mir zu unsicher. Ich mache was mit Stauden, war die Antwort auf die Frage nach meinem Beruf.

Ein paar Jahre der Berufserfahrung später habe ich in der Gärtnerei von Ernst Pagels Stauden bestellt. Ich bin nach Leer in Ostfriesland gefahren, um meine Pflanzen abzuholen und mir die Gärtnerei anzusehen. Dort angekommen, wurde ich von Ernst Pagels, dem Zuchter einer Vielzahl von unglaublich schönen und dabei robusten Stauden begrüßt. Was ich denn machen würde in Hamburg wurde ich gefragt und wo ich denn gelernt hätte. Ernst Pagels selbst hatte beim Großmeister Karl Foerster gelernt. Ich habe dann erklärt, dass ich in meinem eigenen Garten gelernt hätte. „Na ja", meinte da Ernst Pagels, „das macht ja nichts. Hauptsache, man hat Freude an der Sache." Und dann lud er mich ein, die Gärtnerei zu besichtigen. Fein, machen wir mal. Aber komisch nur, der sonst so hellwache, alte Herr hatte an dem Tag einen absoluten Gedächtnisausfall. Nicht eine Pflanze seiner Gärtnerei kannte er mehr. Immer musste er mich fragen „Na, Herr Pfenningschmidt, kennen Sie die denn? Das ist ja auch eine ganz tolle und stabile ... na, wie heißt sie denn noch? Ich komm

jetzt nicht drauf!" Ich durfte dann antworten und dann fiel ihm auch der Name wieder ein. Aber wie hieß doch gleich noch die weiße Schwester dieser Pflanze? Das hatte er auch gerade mal vergessen. So gingen wir rund eine Stunde durch die Gärtnerei und ich füllte seine unerklärlichen „Wissenslücken" auf. Ernst Pagels kannte kaum eine seiner Pflanzen und musste mich ständig fragen. Dann war gut. Ich wurde zum Tee gebeten und dann sind wir nochmal durch die Gärtnerei. Und plötzlich war sein Kopf wieder klar und er wusste wieder alles. Das lag wohl am Friesentee. Gefragt wurde ich trotzdem noch einmal. Was ich von diesem *Miscanthus* halten würde? Den hätte er gerade entdeckt. Ich sagte, dass dieses Gras fantastisch aussehe, sehr leuchtend und silbrig. „Ja", hat er da gesagt, „da haben Sie wohl Recht. Was halten Sie von dem Namen 'Kristallpalast'?"

Ab diesem Tag bei Ernst Pagels nenne ich mich Gärtner.

VON JÖRG PFENNINGSCHMIDT

DIE Besorgten

Die Kinder waren gerade aus der Kita abgeholt worden, die Mütter standen noch zusammen und unterhielten sich über dies und das, als ein Kind von seiner Mutter dabei beobachtet wurde, wie es ein Stück vertrockneten Hundekot in die Hand nahm und damit spielte. Sie sagt daraufhin: „Ne, bitte nicht, Linus, leg das mal wieder hin. Das ist doch belastet."

Nun ist es nicht so, dass Hundescheiße stinkt und eklig ist. Sondern das Problem mit Hundescheiße ist die enorme Kontamination mit Schwermetallen und polychlorierten Biphenylen.

Wer heute einen Garten für eine Familie mit kleinen Kindern anlegt, muss bei der Beratung viele, viele Extra-Stunden einplanen, um die elterliche Panik vor Wasser (=ertrinken), Dornen (=Blutvergiftung), Giftpflanzen (=qualvoller Tod), Insekten (=allergischer Schock) und anderen Widrigkeiten der Natur (=Neurodermitis) einzudämmen. Zwar soll der Garten ein Erlebnisraum für Kinder sein, aber wehe das Erleben hat auch eine negative Seite. Brennnessel sind gut für die heimischen Schmetterlinge, aber gibt's die auch nicht brennend?

Anna-Lena wurde von einer Biene in den Fuß gestochen, wie bekommen wir jetzt den Klee aus dem Rasen? Was sagen Sie einer Mutter, die besorgt zu Bedenken gibt, dass Ben, ihr Jüngster, bestimmt in die Eisenhut-Wurzel beißt wie in eine Bratwurst? „Ja", sagt sie als ich sie staunend anschaue, „das macht er." Ihr Sohn beiße überall hinein. Tja, könnte man jetzt erwidern, die Evolution räumt halt immer die Richtigen ab.

Eine Gartenarchitektin erzählte mir, dass die von ihr im Außenbereich einer Kita geplante Handpumpe abgelehnt worden sei. Die Handpumpe, so wurde ihr mitgeteilt, sei im Prinzip toll, denn dann könnten die Kinder im Matsch spielen. Aber, und das war jetzt der Grund für die Ablehnung, es könnte ein Kind gegen die Handpumpe laufen und sich verletzen. Das klingt vernünftig. Denn Handpumpen sind echte Killer. Jedes Jahr prallen Tausende von Kindern gegen harte Handpumpen und ertrinken dann kopfüber in ihren Buddeleimern.

Zum Glück sorgt diese besondere elterliche Vorsorge manchmal auch für recht vernünftige Ergebnisse. Keanu-Johannes (das ist kein Scherz, das Kind heißt wirklich so), hatte einen Unfall. Er hatte sich auf der Waldorfschule beim Tanzen seines Namens den Fuß verstaucht. Das Unglück geschah beim Tanzen des Bindestrichs. Damit das nicht nochmal passiert, baten seine Eltern die Schule, ihn dort künftig nur noch Jan zu nennen.

Gute Bücher informieren uns darüber, dass fast jede Pflanze für Kinder giftig ist. Selbst der Fingerhut vom Bio-Hof.

Der weiße Tod

ODER DIE SCHNEEBEEREN-KITA

„Auf Spielplätzen können sich die Kleinen mal so richtig austoben – und nicht nur die" war mein Gedanke, als das Planungsbüro im Bauausschuss seinen Entwurf präsentierte. Abenteuerliche Klettergerüste in Verbindung mit einer noch abenteuerlicheren Farbgebung sollten Grund genug sein für eine lebhafte Diskussion, müsste man meinen. Es gab jedoch keine Wortmeldung. Lag eine raumweite Schockstarre vor? Doch die Augen von Freund und Feind ließen eher auf gnadenloses Desinteresse schließen.

Der Ausschussvorsitzende war kurz davor, den nächsten Tagesordnungspunkt aufzurufen, als eine besorgte sachkundige Einwohnerin Einspruch einlegte: „Also über die Pflanzen müssen wir uns nochmal unterhalten." Aufgrund der Farbgebung der zu bauenden Spiellandschaft, einer Mischung aus Las Vegas und Think Pink, war mir das bisschen Randbegrünung gar nicht aufgefallen. Nicht so der besorgten Mitreißigerin, die hier zu Protokoll geben müsse, dass auf gar keinen Fall Giftpflanzen verwendet werden dürfen. Man konnte dem Planer ansehen, wie er krampfhaft überlegte, ob er Derartiges verlauten lassen hatte (was nicht der Fall war), um dann jedoch in die Offensive zu gehen: „Nein, dies sei ja gesetzlich schon untersagt." Der Planer war auf vieles gefasst, nur nicht auf den resoluten Gegenangriff der Jeanne d'Arc des enfants et la prohibition floral: Das hätten womöglich die Kollegen im Nachbarort auch behauptet, bevor sie den neuen Spielplatz vegetativ für die nächsten Generationen kontaminiert hätten – mit Knallerbsen. „Also das muss um jeden Preis verhindert werden", tönten gleich mehrere wundersam erwachte Ausschussmitglieder.

Mein Einwand, dass mir aus zuverlässiger Quelle (inklusive eigener Erfahrungen) bekannt sei, dass in den vergangenen Jahrzehnten keinem Mensch respektive Kind nur annähernd der Suizid mit *Symphoricarpos albus* gelungen sei, verhallte im Raum. Statt dessen konnte sich der Planer nur mit Mühe des aufgebrachten Mobs erwehren, indem er mehrfach versicherte, dass zum jetzigen Zeitpunkt noch keine detaillierte Pflanzenliste vorliege würde, er definitiv nicht die Drei- bis Zwölfjährigen des Ortes auszurotten gedenke und hoch und heilig versprach, jede einzelne Pflanze bei der nächsten Ausschusssitzung quasi vorzukosten.

WIR
und das Tier

Ich habe neulich in den finstersten Tiefen des Internets gelesen, dass jemand seinen Buchsbaum von Blattläusen befreit hat, indem er die Läuse fotografierte und dieses Foto dann mit einem Foto ihrer Fressfeinde, Marienkäfer zum Beispiel, in einer Bilddatei auf dem PC zusammenfügte. Das hat die realen Läuse am Buchsbaum so geschockt, dass sie daraufhin sofort flugs den Buchs verlassen haben. Das klappt, ich schwöre. Jedenfalls stand es so im Internet. Allerdings müssen Sie die betreffende Bilddatei nicht Bilddatei nennen, sondern **Healing-Sheet**. Sonst wirkt es nicht.

Das Ganze heißt **Radionik** und hat, man ahnt es, mit Wellen und Energie zu tun. Auch wenn ich persönlich es jetzt nicht ganz verstanden habe, wie das funktionieren soll, fand ich die Idee putzig. Ich habe daraufhin ein Bild von Edward Snowden als Bildschirmschoner angelegt und hoffe, jetzt Ruhe zu haben vor Spam, Viren und der NSA.

Die Radionik-Menschen haben ausdrücklich darauf hingewiesen, dass es nicht darum ginge, die Läuse zu töten. Die Läuse sollten lediglich den Buchs in Ruhe lassen und verschwinden. Ich glaube, die Geschichte macht deutlich, dass sich unser Umgang mit der Tierwelt geändert hat. Sensibler würde ich sagen.

Mein Vater zum Beispiel war Jäger und kannte noch die klare Trennung in gute, das heißt in essbare oder sonst irgendwie nützliche Tiere und Kropp-zeug. Kroppzeug war der nicht schmeckende Rest der Tierwelt und hatte nichts Gutes zu erwarten. Deswegen hätte sich mein Vater sehr gewundert über das, was ich neulich auf einer Packung Rattengift lesen konnte: **Ratten Power-Sticks**. Diesen Ausdruck nennt man Euphemismus oder auf Deutsch Glimpfwort. Also eine verschleiernde Beschönigung einer an sich unangenehmen Tatsache.

Euphemismen sind nicht neu, was mich aber in diesem Fall verwirrte, war der unklare Adressat. Rattengift ist ein Produkt, bei dem Käufer und Endverbraucher nicht immer identisch sind. Der Endverbraucher, die Ratte, kann nicht lesen und braucht deshalb kein Glimpfwort. Und ich als Käufer möchte bitte nicht, dass meine Ratten nach dem Genuss von teurem Rattengift noch Power haben. Wahrscheinlich ist der Euphemismus für den sensiblen Käufer gedacht. Jemanden, der zwar Panik vor Ratten in seinem Garten hat (Beulenpest!), es gedanklich aber noch nicht bis zum Wort Kroppzeug geschafft hat. Der kauft dann „Power-Sticks". Oder Wellness-Flocken für Freiland-Nager.

Es scheint allerdings noch Menschen zu geben, deren Verhältnis zum Tier noch sehr traditionell geprägt ist. Ein Kollege aus dem Garten- und Landschaftsbau hat neulich in unserer Pizzeria die Pizza Tonno bestellt. Thunfisch habe sie nicht mehr, sagt die reizende Bedienung. Wegen der vielen Delfine. „Ok", sagt der Kollege, „dann nehme ich eben mit Delfin."

BLÜMCHENSCHEISS

Die Besprechung der Gartenplanung verläuft zügig und harmonisch. Das junge Ehepaar versteht sich erstaunlich gut, weiß ungefähr was es will, was es bezahlen kann und ist auch nicht völlig beratungsresistent. Es hätte also ein erfolgreicher Tag werden können mit der Aussicht, einen schönen Garten zu bauen. Und dann kommt der Satz. „Die Antonie hätte ja so gerne ein kleines Beet, in dem sie auch ein wenig gärtnert. Für Gemüse und Erdbeeren und so. Wo bringen wir denn das unter?"

Antonie möchte ein Gemüsebeet? Nie im Leben! Antonie ist sechs Jahre alt und wollte innerhalb der letzten zwei Stunden ein Pferd, einen Hund, ein Schwesterchen, noch ein Pferd, dann eben neue Eltern, einen Swimmingpool und ein neues Handy. Liebe Eltern, es gibt keine Kinder, die ein Gemüsebeet zum liebevollen Gärtnern wollen! Das ist ein Märchen aus Gartenzeitschriften, das so lange wiederholt wurde, bis wir alle es geglaubt haben. Deshalb möchten die Eltern, also in der Regel die Mutti, ein Gemüsebeet, in dem dann ihre Kinder der Welt beweisen sollen, dass die eigene Brut genauso sensibel, nachhaltig und achtsam ist wie die Kinder in den Gartenzeitschriften.

Die Wahrheit ist: Kinder interessieren sich nicht für den Garten. Am allerwenigsten für den eigenen. Ich weiß das, denn auch ich war ein normales, gartenhassendes Kind. Der Garten meiner Eltern war mir so egal wie ein Sack Reis in China. Hätte ein Meteorit unseren Garten ausgelöscht, hätte ich das wahrscheinlich nicht einmal bemerkt. Der Garten war für mich stets nur ein gottloser Ort für Frondienste wie Kantenstechen, Rasen abharken und Johannisbeeren pflücken in der Mückenecke.

Allerdings sind Kinder die Ersten, die heftig gegen die Umgestaltung eines Gartens protestieren und sich dann an Bäume ketten. Ich habe Zwanzigjährige mit Zungen-Piercing erlebt, die geheult haben, weil ihre verrottete Sandkiste einer Pflanzung weichen sollte: „Ihr macht meinen ganzen Garten kaputt!" Bei der Frage des Rasenmähens und anderer Hilfsarbeiten hieß es bisher eigentlich immer „euer Garten". Und während die Mutti das Gemüsebeet ihrer Kinder vom Unkraut befreit und davon träumt, mit ihren Lieben ein laktosefreies Bärlauch-Mobile zu basteln, schreibt die Tochter gerade bei WhatsApp an ihre Freundinnen: „Meine Mutter nervt total mit ihrem Blümchenscheiß!"

**Und wenn Kinder, so wie Mike, 7 J.,
dann mal alleine und still die
Wunderwelt der Natur erforschen, dann
ist es auch wieder nicht richtig.**

Kinder im Garten?

Na klar!

Lieber Jörg,

ich mag Deine Texte. Ehrlich.
Aber Deinem „Blümchenscheiß" muss widersprochen werden.

Vor drei Jahren habe ich meinen Kindern ein Beet „für ihre ersten eigenen
Gartenerfahrungen" zur Verfügung gestellt. Es liegt direkt im Gebäudeschatten.
Von der anderen Seite kommt auch kaum Licht ran, weil dort eine Mauer steht.
Es ist etwa einen halben Meter breit und zweieinhalb Meter lang. Es war die einzige
Ecke im Garten, die ich freiwillig und gerne abgeben wollte. Wir sind damals
zu Pflanzen-Kölle gefahren. Dort habe ich den Kindern dann erklärt, warum die
Blümchen, die sie selbst in den Einkaufswagen gestellt haben, nicht auf ihrem Beet
wachsen würden. Stattdessen haben sie – von mir persönlich ausgesucht – ein paar
Gemüsesetzlinge mitgenommen. Die wollten hinter der Mauer aber auch irgendwie
nicht wachsen. Doch dann geschah ein Wunder: Aus dem Beet hinter der Mauer
wurde eine respektable Baumschule.

Als ich im Sommer Gehölzsämlinge aus dem Beet zupfte, fragte Isabelle mich, was
ich denn mit denen vorhabe. Die Antwort, auf dem Komposthaufen beerdigen, fand
sie nicht so prima. Da habe ich zu ihr gesagt, dass sie die ja eintopfen und so lange
pflegen kann, bis daraus Bäume geworden sind. Die Idee fand Isabelle schon deutlich
besser. Wir haben gemeinsam den Kompost gesiebt (die ausgelesenen Regenwürmer
wurden anschließend den Hühnern serviert), alte Töpfe gereinigt und mit Erde befüllt.
Zuletzt erfolgte die fachgerechte Pflanzung. Inzwischen sind die Linden und Ahorne
um sage und schreibe dreißig Zentimeter gewachsen – das hat Isabelle so zumindest
gemessen und in ihr Baumschultagebuch geschrieben.

Irgendwann haben Isabelle und Murielle mich dann gefragt, warum Pflanzen so
komische Bezeichnungen haben. Ich habe ihnen erklärt, dass man botanische Namen
überall auf der Welt kennt und versteht. Wenn alle Menschen auf der Welt botanisch
sprechen würden, gebe es sicherlich weniger Missverständnisse, vermutlich sogar
weniger Kriege. Das fanden die beiden gut und wollten fortan die Blumensprache
lernen. Begonnen haben sie übrigens mit Crocus.

Inzwischen ist die Gartenbegeisterung so groß, dass sie mich gebeten haben, eine
Schulgarten-Arbeitsgemeinschaft anzubieten – von ganz alleine! Das letzte Jahr hat mir
wahnsinnig viel Spaß gemacht. Und den Kindern auch (siehe Foto).

Dein Jonas

Der Neophyt
des Monats

Es geht um Neophyten. Um böse Neophyten. Das sind Pflanzen aus fremden Regionen, die hier einwandern und in kurzer Zeit alles in Schutt und Asche legen. Depressionen, steigende Spritpreise und schlechtes Wetter sind dann die Folgen. Böse Neophyten benehmen sich wie reiche Russen in einer Ferienanlage.

Die Liste der Verheerungen durch Neophyten ist lang. Das Römische Reich beispielsweise ging nach dem Kontakt mit *Ambrosia artemisiifolia* unter. In der Nacht zum 16. Januar 1362 wurde die Insel Rungholt vom Sachalin-Knöterich verschlungen. Mecklenburg-Vorpommern wurde durch das Jakobs-Kreuzkraut entvölkert. Das ist zwar gar kein Neophyt und Mecklenburg-Vorpommern war auch nie richtig bevölkert, aber wir wollen hier jetzt nicht kleinlich werden und verharmlosen.

Die Schweiz, dieses Kleinod in den Alpen, ist uns nicht nur in der Schokoladenherstellung und in der kreativen Steuergestaltung weit voraus, sondern auch bei der staatlichen Bekämpfung der Neophyten. Auf der Schweizer Liste der gefährlichen Eindringlinge steht überraschenderweise auch ein Favorit der postmodernen Gartenbepflanzung: *Prunus laurocerasus*, der Kirschlorbeer. Die Pflanze soll, sofern in die freie Natur entkommen, gemeldet und bekämpft werden.

Ein lobenswerter Ansatz zwar, aber warum nicht das Übel an der Wurzel packen und das Böse gleich dort bekämpfen, wo sein Hauptverbreitungsgebiet ist und von wo es sich in die freie Landschaft hineinschleichen kann? Mit Flammschwert und heiligem Zorn sollte die Neophyten-Polizei durch die privaten Gärten ziehen und den Kirschlorbeer vertilgen, auf das seine Saat verdorre bis ins vierte Glied.

Ein ähnlich robustes Vorgehen wünsche ich mir mittlerweile für einen anderen Mode-Neophyten, der Anfang des Jahrtausends Einzug in die Gärten gehalten hat und heute bei jedem Staudenplaner schwere Allergien auslöst. *Geranium* 'Rozanne' alias 'Jolly Bee', einst gelobt als ewig blühende, nie versagende Staude, hat leider alle Versprechungen gehalten. Nun ist auch diese Pflanze aus den Privatgärten entkommen und hat sich in den Köpfen der Menschen breit gemacht, die zum Beispiel in Hamburg für die Bepflanzung des öffentlichen Grüns zuständig sind. Deshalb versinken nun Jahr für Jahr mehr Verkehrskreisel in dieser wursteligen, ach-so-pflegeleichten, endlos lange blühenden blauen Soße.

Das sorgt bei mir für Depressionen. Schlechtes Wetter und steigende Spritpreise kommen dann ganz von selbst.

Der letzte Überlebende einer Reisegruppe aus Hannover, die bei einer Wanderung in der Eifel vom Sachalin-Knöterich überwältigt wurde.

Nur wenige Neophyten sind ein Problem.
Aber die dann ein echtes.

Ein Interview.
Ingo Kowarik ist **Professor für Ökosystemkunde** und **Experte in Sachen Neopyhten**. Das sind „fremde" Pflanzen, die sich nach 1492, also dem Zeitpunkt der Entdeckung Amerikas, bei uns dauerhaft etabliert haben. Nicht selten entkommen sie aus Gärten – eine Bereicherung für unsere Pflanzenwelt oder ein ernsthaftes Problem?

Herr Kowarik, wenn von Neophyten gesprochen wird, dann häufig in Zusammenhang mit dem Wort „invasiv". Die Engländer sagen sogar „invasive alien species". Das klingt nicht schön. Was ist damit genau gemeint?
Laut Bundesnaturschutzgesetz sind damit Pflanzen gemeint, die sich ausbreiten und dabei der biologischen Vielfalt schaden, also andere Arten, Lebensgemeinschaften oder Ökosysteme beeinträchtigen.

In manchen Publikationen ist zu lesen, dass zehn bis fünfzehn Prozent der Neophyten gefährlich sind: Lässt sich das so pauschal sagen?
Nein, nicht wirklich. Die Zahlen hängen davon ab, wie man „gefährlich" definiert und welches Gebiet man meint. Auf Deutschland bezogen werden 38 Neophyten als „invasiv" und weitere 42 Arten als „potenziell invasiv" eingeschätzt. Das sind zusammen genommen nur gut drei Prozent von 2432 „Neupflanzen", die seit 1492 durch Menschen in unser Gebiet gelangt sind und heute hier wildwachsend vorkommen. Der Anteil invasiver Arten unter den Neophyten ist also recht gering. Wobei man allerdings sagen muss, dass wenige Arten sehr weitreichende Folgen haben können.

Woran erkennt man „böse Pflanzen"?
Es gibt für Deutschland und andere Länder Listen invasiver Arten, in denen man nachschlagen kann. Grundsätzlich bergen Pflanzen, die sich schnell ausbreiten können oder sehr konkurrenzfähig sind, ein höheres Risiko. Aber dieses Wissen allein reicht nicht. Herauszufinden, welche Eigenschaften dazu führen, dass bestimmte Arten problematisch werden und andere wiederum nicht, ist eine Hauptaufgabe der sogenannten Invasionsforschung. Sehr hilfreich

Bootstour im Spreewald 2020: Das hat man davon, wenn man *Eichhornia crassipes*, die dickstielige Wasserhyazinthe, nicht ernst nimmt.

Glauben Sie immer noch, dass Eichhornia crassipes so ungefährlich ist?

sind auf jeden Fall Informationen, wie sich Arten, die bei uns noch nicht vorkommen, in anderen Gebieten mit ähnlichem Klima verhalten. Im Sinne des Vorsorgeprinzips kann so versucht werden, invasiven Arten vorausschauend zu begegnen.

Seit 2016 ist die EU-Verordnung Nr. 1143/2014 rechtskräftig. Auf der dazugehörigen „Unionsliste" befinden sich 14 (potenziell) invasive pflanzliche Neophyten. Die meisten dürften Gartenbesitzern kaum etwas sagen. Wasserhyazinthe (*Eichhornia crassipes*), Gelbe Scheincalla (*Lysichiton americanus*) und Brasilianisches Tausendblatt (*Myriophyllum aquaticum*) könnten aber zumindest dem Wassergartenfreund ein Begriff sein. Dürfen diese Pflanzen jetzt nicht mehr verkauft werden? Und was passiert mit Pflanzen, die schon im Garten stehen?
Tatsächlich schafft die EU-Verordnung die Grundlage für Besitz- und Vermarktungsgebote. Die auf der Unionsliste genannten Arten sind aus dem Handel zu nehmen. Bei den Gärten gehe ich davon aus, dass man eher auf Information und Mitwirkung der Besitzer setzt. Das scheint der beste Weg zu sein, um eine weitere Verbreitung – etwa durch Pflanzentausch – zu verhindern.

Von den 14 auf der Unionsliste stehenden Pflanzen wachsen auffällig viele im Teich oder am Teichrand. Sind Wasserpflanzen besonders gefährlich?
Ja, das stimmt. Viele Wasserpflanzen können sich schnell ausbreiten, mit fließendem Wasser und auch durch Tiere. In wärmeren Gebieten Europas sind einige dieser Arten, wie etwa die Heusenkräuter, heute schon sehr problematisch. Es ist wirklich sinnvoll, die Ausbreitung solcher Arten vorausschauend bei uns zu verhindern oder wenigstens so gut wie möglich zu begrenzen.

Neben der Unionsliste gibt es auch eine Schwarze und eine Graue Liste. Und dann existieren noch Warn-, Management- und Aktionslisten. Worin besteht der Unterschied?
Die erstgenannten Listen enthalten eine Aufstellung von Arten, die in Deutschland erwiesenermaßen (Schwarze Liste) oder mit großer Wahrscheinlichkeit (Graue Liste) invasiv sind. Die anderen drei Listen zeigen an, mit welcher Dringlichkeit welche Maßnahmen geboten sind. Solche nationalen Listen sind laut EU-Verordnung vorgesehen. Wie wir mit invasiven Arten umgehen müssen, ist übrigens schon länger im Bundesnaturschutzgesetz geregelt.

Auf manchen dieser Listen stehen Pflanzen, die in der Gartenkultur eine gewisse Bedeutung haben – entweder in Reinform oder „veredelt" als Sorte. Mir fällt zum Beispiel die Kartoffel-Rose oder die Weymouth-Kiefer ein. In Gärtnereien findet man zudem zahlreiche Lupinen- und Goldruten-Sorten. Sind diese Pflanzen auch verboten?
Nein. Nach dem Bundesnaturschutzgesetz sind Arten, die als „invasiv" eingestuft werden, nicht generell verboten. In § 40 ist geregelt, dass die zuständigen Behörden geeignete Maßnahmen ergreifen müssen, um eine (weitere) Ausbreitung zu begrenzen. Das kann vom Beobachten bis hin zur Bekämpfung von Pflanzen in „freier Natur" reichen – sofern die Maßnahmen sinnvoll, also erfolgversprechend und verhältnismäßig sind. Es gibt kein allgemeines Besitzverbot oder Bekämpfungsgebot. Das ist auch gut so, wie das Beispiel der Kartoffel-Rose zeigt. Diese Art breitet sich nur in Dünen aus. Es wäre also unsinnig, sie aus allen Gärten zu entnehmen. Wichtig ist Aufklärung, damit Gartenbesitzer in der Nähe von Küstendünen vorsichtig mit der Art umgehen.

Was legen Sie Gartenbesitzern ans Herz?

Sie können sich auch weiterhin an der Schönheit vieler Neophyten erfreuen, sollten aber auf Arten der Unionsliste verzichten. Vielleicht können sie auch ein paar einheimische Arten im Garten fördern. Ganz wichtig ist mir jedoch, dass sie darauf achten, dass ausbreitungsstarke Arten nicht über den Gartenzaun „entkommen" – mit oder ohne gärtnerische Hilfe. Solche „Gartenflüchtlinge" sind schon häufiger zum ernsten Problem geworden.

Noch eine letzte Frage: Ist die nicht frostharte Wasserhyazinthe *Eichhornia crassipes* **in Deutschland wirklich eine Gefahr?**

Unionseinschätzungen gelten immer unionsweit. Und wenn es mit dem Klimawandel so weitergeht ...

Die Gelbe Scheinkalla Lysichiton americanus, *auch Amerikanischer Riesenaronstab oder Stinktierkohl genannt, ist in Europa ein gefährlicher Neophyt – in Naturschützerkreisen ist sie daher auch als die „Gelbe Gefahr des Okzidents" bekannt. Nachts erschlagen die großen Blätter alle possierlichen Rote-Liste-Pflanzen, die sich in ihre Nähe wagen.*

WIN
WIN

Die Wollige Napfschildlaus etwa. Oder die Kastanien-Miniermotte. Der Baumwollkapselwurm. Oder der Asiatische Laubholzbockkäfer. Diese ekligen Herrschaften reisen unbemerkt, zum Beispiel als Füllmaterial für iPhones ein, fressen hier den Wald auf und sorgen für Schlagzeilen. Das ist dann keine WIN-WIN-Situation.

Aber als positiv denkender Mensch kann man auch den global agierenden Widrigkeiten etwas Gutes abgewinnen. Man braucht nur etwas Fantasie. Zum Beispiel bei einer Pflanzplanung für einen Privatgarten in Hamburg: Die Kundin will unbedingt eine Magnolie an eine Stelle gepflanzt bekommen, an der Magnolien nie und nimmer gedeihen. Sie ist kampfbereit, jedes noch so gute Argument wird an ihr abprallen. Magnolie muss sein. Also sage ich: „Ja, feine Idee mit der Magnolie. Wird bestimmt schön aussehen. Und das mit der Magnolien-Blattwespe kriegen Sie auch in den Griff."

Jetzt horcht ihr Mann, der mehr oder weniger uninteressiert an dem Blümchenkram sanft weggedämmert war, aber auf. „Was für eine Wespe?" „Magnolien-Blattwespe. Die ist ganz neu. Aus China. In manchen Jahren zerfrisst sie halt die Blätter. Und die Blüten. Der Baum überlebt aber. Kein Problem." „Ne" – jetzt wird er energisch, Blick zu seiner Frau, „du, so was will ich hier nicht im Garten haben. Mit so Tieren da drin. Nachher wird noch der Kleine gestochen." Das war's. Dank einer der Wissenschaft bislang völlig unbekannten Spezies blieb der Garten hübsch und magnolienfrei. Die gefährliche Magnolien-Blattwespe flog zurück ins Reich der Fantasie und sogar die Landminen können bleiben, wo sie hingehören. Das ist die ultimative WIN-WIN-Situation.

Kurz vor Weihnachten habe ich bei uns im Supermarkt Erdbeeren aus Moçambique gesehen. Toll, habe ich da gedacht, der globalisierte Handel ist schon klasse. In Moçambique ist im November Erdbeerzeit, alle haben sich satt gegessen und können Erdbeeren nicht mehr sehen. Den Überschuss kann man dann nach Deutschland verkaufen. Im Gegenzug schicken wir Sachen nach Moçambique, die wir nicht mehr brauchen. Landminen zum Beispiel. Das nennt man eine klassische WIN-WIN-Situation.

Immer öfter spült der globalisierte Handel nun aber Waren an Land, die wir nie bestellt haben und auch nicht wollten.

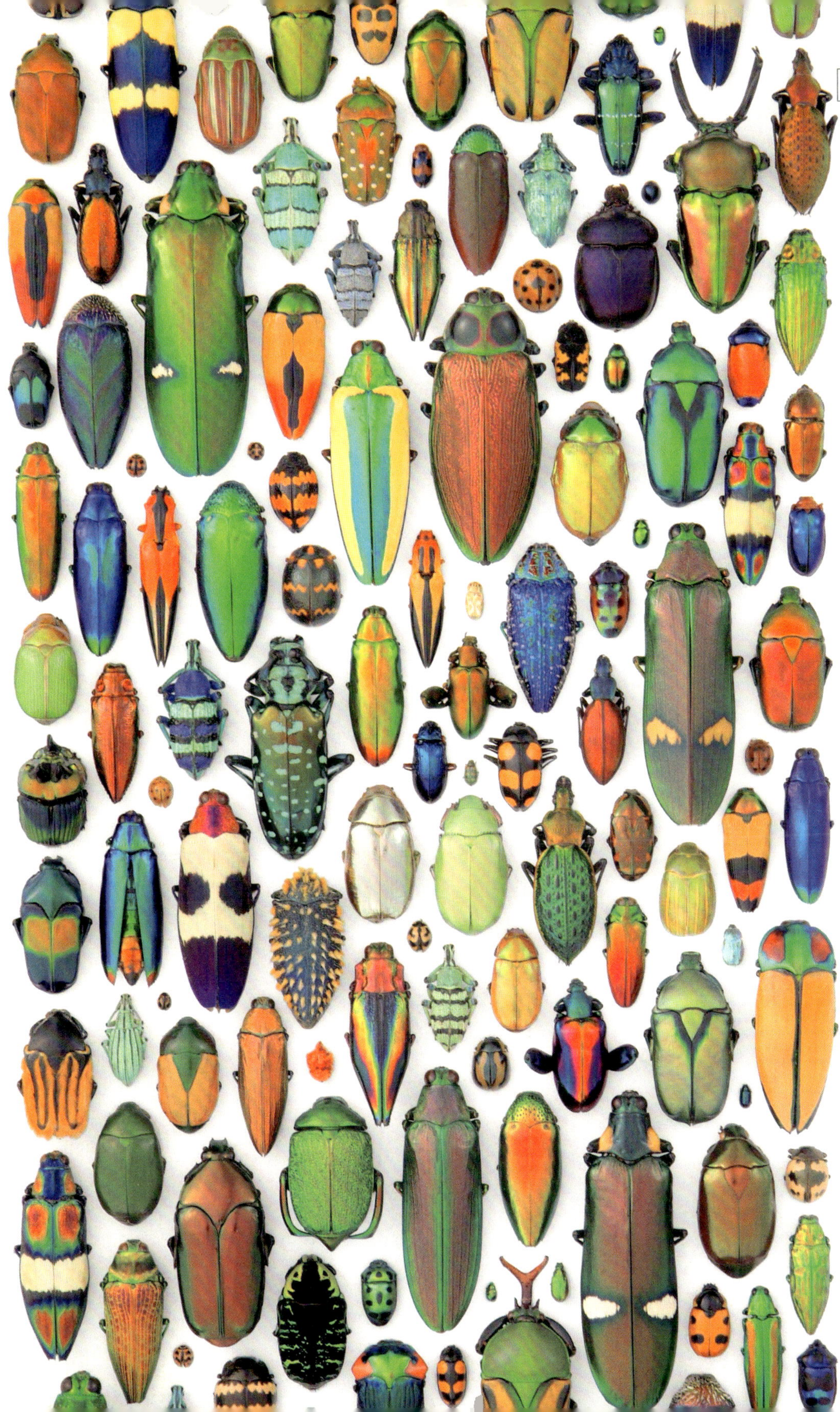

Straßen-
begleitgrün

Es gibt in Deutschland den Ausdruck „Straßenbegleitgrün". Straßenbegleitgrün ist florale Sättigungsbeilage. Es füllt den Raum, wird nicht eigentlich wahrgenommen und dementsprechend erwartet man auch nix Dolles. Füllstoff. Eine Ecke in der Stadt, zwischen Irgendwas und Irgendwo, ohne Bedeutung und Funktion, wird, nur um ein amtliches „Wir kümmern uns" vorzutäuschen, mit struppigem Grün garniert. Kein Mensch erhebt hier den Anspruch, diese armseligen Gehölze auch nur entfernt als Pflanze zu sehen, als Leben, Duft, Farbe, Bewegung und Entwicklung. Diese bedauernswerten Kreaturen sollen sich nicht entwickeln, sie werden gestutzt. Und weil das meist kurz vor ihrer Blüte geschieht, wird ihre einzige Farbe die der Lidl-Tüten sein, die sich in ihnen verfangen.

Die zum Zweck reduzierten Sträucher können ja nichts für ihre Verwendung, aber sie schaden dem Image ihrer Familie doch ungemein. Schneebeere, Mahonie, Spiere, Forsythie und Heckenkirsche werden Jahrzehnte brauchen, um im „Premium-Segment" der Gärtner ihren Schrecken zu verlieren und wieder als das angesehen zu werden, was sie sind: Sträucher, die, ihren Wünschen entsprechend eingesetzt, sehr hübsche Gartenpflanzen sein könnten.

Unser sehr geschätzter Kollege **Björn Scheffler** aus Berlin hat sich mutig daran gemacht, das Unmögliche zu versuchen. Nämlich Gehölze, die das Renommee von Analog-Käse haben, ästhetisch zu kombinieren und so zu ungeahntem Glanz zu verhelfen. Er schrieb seine Master-Arbeit an der TU Berlin zu diesem Thema und arbeitete in Gegenentwürfen die Qualitäten der Pflanzen heraus.

Berberis thunbergii

Thunbergs Berberitze kann frei wachsend sowie in Form geschnitten ein attraktives Gehölz sein. Besonders wolkig geschnittene Gruppenpflanzungen sind zu empfehlen. Ein sehr schöner Farb- und Texturkontrast in der beschriebenen Form kann zum Beispiel im Erfurter ega-Park bewundert werden, in dem die rotlaubige Sorte 'Atropurpurea' zwischen hellgrüner *Sesleria autumnalis* steht. Neben dieser häufig verwendeten Form gibt es auch Sorten mit leicht gesprenkeltem Laub (etwa 'Harlequin', die schön in die Doppelborder im Dortmunder Rombergpark integriert wurde) sowie die 'Aurea'-Form, die mit *Hakonechloa macra* 'Aureola' umpflanzt besonders zur Geltung kommt, oder die Sorte 'Golden Ring', ebenfalls rotlaubig, aber mit schmalem, gelbgrünem Blattrand.

Das aus der Staudenverwendung bekannte Thema der purpurnen Rabatte wurde als Entwurfsidee auf eine Gehölzpflanzung übertragen: In einer „Purple Hedge" kann *B. thunbergii* 'Atropurpurea' kombiniert werden mit *Cotinus coggygria* 'Royal Purple', *Corylus maxima* 'Purpurea', *Physocarpus*

opulifolius 'Diabolo' und der im Austrieb rötlichen und später rubinrot blühenden *Spiraea japonica* 'Anthony Waterer'. Da der FLL-Leitfaden zu Gehölzpflanzungen wichtige Grundlage der

Pflanzplanung war, wurden dienende Arten berücksichtigt. Dafür wurden ausschließlich Stauden verwendet. Im Fall der „Purple Hedge" war das die *Heuchera*-Hybride 'Cappuccino'.

Mahonia aquifolium

Eigentlich ist die Mahonie ein ansehnlicher Kleinstrauch mit immergrünem, dunklem Laub, gelben Blütentrauben im zeitigen Frühjahr und blauen Früchten im Spätsommer. Im kontinentalen Klima – geschützte Standorte ausgeschlossen – leidet sie aber unter zugigen Winterwinden und sommerlichen Dürreperioden. Kahlheit und braune Blätter sind die Folge. Daher ist von Pflanzungen abzuraten, in denen sie Hitze und Wintersonne ausgesetzt ist. Besser wäre die Nordseite von Gebäuden oder der Schutz höherer Gehölze. Als kontrastreicher Partner lässt sich die Mahonie mit helllaubigen Arten und Sorten verwenden.

Ein abwechslungsreicher Hell-Dunkel-Aspekt entsteht und die dunkellaubigen Gehölze unterstreichen die Wirkung der helllaubigen. Daher wird im Entwurf „Win-Win-Mahonia" *Mahonia aquifolium* 'Apollo' mit *Ulmus minor* 'Wredei' und *Elaeagnus pungens* 'Maculata' kombiniert. Stimmungsvolle Ergänzung bieten in den Frühjahrsmonaten der weiß und üppig blühende *Philadelphus inodorus* var. *grandiflorus* 'Schneesturm' und *Allium* 'Ambassador'. Dienende Art ist *Lamium maculatum* 'Aureum'.

Cotoneaster dammeri

Zur Zwerg- oder Felsenmispel passt – wie der deutsche Name vermuten lässt – etwas Steiniges. Dementsprechend passt das aus den Gebirgen Südwest-Chinas stammende Gehölz gut in Steingärten. Auch in Stufenanlagen oder Hängen kann es seine Eigenschaften vorteilhaft entfalten. Empfehlenswert sind Sorten mit reichem Blüten- und Fruchtansatz

Forsythia x intermedia

Die Forsythie – für viele Inbegriff des beginnenden Frühjahrs – ist vor allem wegen ihrer gelben Blüten bekannt. Diese findet man allerdings zu oft an vollkommen verschnittenen Exemplaren ohne den typischen, schleppenartigen Wuchs. Vielleicht der Grund für ihr schlechtes Image? Dennoch wäre es schade, auf sie zu verzichten, weckt sie doch mit strahlender Leuchtkraft unsere wintermüden Augen. Im Jahresverlauf müssen dann aber andere Arten in einer Gehölzpflanzung für Zieraspekte sorgen.

Naheliegend ist das Thema einer „Gelb-grünen Hecke". Im Frühjahr blüht die Forsythie mit *Kerria*

japonica 'Pleniflora' zwischen dem noch unbelaubten, rotstieligen *Cornus alba* 'Aurea'. Dieser schmückt im Sommer mit hellgrünem Laub ebenso wie *Catalpa bignonioides* 'Aurea'. Als Unterpflanzung mit reizvoller gelber Blüte wurde *Hypericum calycinum*

gewählt. In der Literatur wird oft darauf hingewiesen, dass ein schöner Aspekt entsteht, wenn man die Forsythie großzügig mit blauen Geophyten wie *Scilla siberica* oder *Chionodoxa luciliae* unterpflanzt.

---

wie 'Coral Beauty', 'Hachmann's Winterjuwel' oder 'Jürgl'. Wuchshöhen von 0,15 m bei *C. dammeri* var. *radicans* bis zu 1,5 m bei *C. dammeri* 'Skogholm' bieten ein breites Verwendungsspektrum. Oft wurde *Cotoneaster* zur Flächenbegrünung genutzt. Bis die Flächen ausreichend bodendeckend sind, müssen aufkommende Wildkräuter meist aufwendig gejätet werden. Zudem wirken solche Flächen schnell monoton.

Wie das Umfeld der Warschauer Stadtmauer zeigt, kann man das aber nicht pauschal behaupten. Der Entwurf „Felsenmispel im Bambushain" spielt mit der asiatischen Herkunft des *Cotoneaster* und zeigt unter den lichten Kronen von *Phyllostachys decora* verschiedene Struktur- und Texturkontraste in einer aus Natursteinen topografisch leicht modellierten Pflanzung. Aus der steinumspielenden Felsenmispel, die

im Frühjahr mit feinen Blütenmassen und im Herbst mit rotem Fruchtschmuck ziert, wachsen die flache *Prunus laurocerasus* 'Otto Luyken' und *Salix integra* 'Hakuro Nishiki'. Pflanzt man diese nicht als Hochstämmchen, sondern in 0,4 – 0,6 m Stammhöhe, gelingt es auch, die bei Gartenarchitekten eher verrufene Harlekin-Weide als farblich verspielten Akzent in eine Pflanzung zu integrieren.

Symphoricarpos x chenaultii

Die Bastard-Korallenbeere ist ein ausgezeichneter Flächenbegrüner mit sehr feiner Textur, der selbst an schattigsten Standorten gedeiht. Die kleinen Blätter erscheinen schon sehr zeitig im Frühjahr und belauben das Gehölz bis zum ersten starken Frost, danach ziert es sich mit zahlreichen lilarosa Beeren. Der anspruchslose Strauch befestigt Hänge (Foto) und wird von Kaninchen verschmäht.

Gestalterisch muss man allerdings feststellen, dass man die Korallenbeere weniger als Hauptdarsteller in einer Gehölzpflanzung, sondern eher als dezenten Begleiter verwenden sollte.

Passend wirkt sie „als Begleiter exklusiver Partner", etwa als Unterpflanzung säulenförmiger *Taxus baccata* 'Fastigiata' und im Frühjahr weiß blühender *Magnolia stellata* 'Royal Star'. Als dienende Staude blüht hier in den ersten Jahren *Calamintha nepeta* im noch lückenhaften Gehölzteppich. Auch in einer „Wucherhecke" mit extensiver Pflege kann sie mit *Rhus typhina*, *Sorbaria sorbifolia* und dem wüchsigen *Rhodotypos scandens* eine sinnvolle Ergänzung sein.

Prunus laurocerasus

Ähnlich den Mahonien hat auch der Kirschlorbeer im kontinentalen Klima unter strengen Wintern zu leiden. Verkahlung sowie das Absterben ganzer Triebe sind Folgeschäden. Ein geschützter Standort ist daher empfehlenswert. In wintermilden Regionen ist ein freier Stand weniger problematisch. Ebenfalls ist zu beobachten, dass Kirschlorbeer in

Pyracantha coccinea

Der Feuerdorn lässt sich freiwach-
send oder geschnitten in vielfäl-
tigen Gartensituationen einsetzen.
Es existiert ein recht breites Sortiment – zu empfehlen sind Sorten
mit reichem Blüten- und Fruchtansatz. Auch die gewünschte
Farbe der Beeren sollte bei der
Auswahl eine Rolle spielen.
Möchte man orangen Fruchtschmuck, pflanzt man die Sorten
'Orange Charmer' oder 'Orange
Glow', bei gelbem 'Soleil d'Or'
und bei rotem die Säulenform
'Red Column'. Weitere Sorten
wurden in Sichtungen als ent-
behrlich bewertet. Der mediter-
ran anmutende Charakter der
Pyracantha lässt sich gestalterisch gut nutzen. Im Entwurf

„Mediterranes Heckenflair" geschieht dies durch Kombination
mit der immergrünen *Quercus
× turneri* 'Pseudoturneri', *Pinus
mugo* 'Mops' und der silbernen
Salix repens subsp. *argentea*.
Anaphalis margaritacea ist die
dienende Art.

---

niederschlagsreichen Regionen
wesentlich gesünder aussieht als
in Gegenden mit weniger Niederschlag. Im kornischen Glendurg-
an (GB) beeindruckt dieser gar in
Form eines ganzen Irrgartens
(Foto links) – an einem vollson-
nigen Standort.

Eine gestalterische Qualität
des Kirschlorbeers ist dessen immergrüne, grobe Textur. Je nach
Sorte kann die Blattform leicht
variieren. Die Belaubung verleiht

dem Gehölz auch etwas künstlich
Wirkendes.

Ein schattiges Plätzchen ist
nicht nur der ideale Standort für
Prunus laurocerasus, sondern an
heißen Sommertagen auch für
uns Menschen. Erfrischend kann
es sein, diesen schattigen, kühlen
Ort mit exotisch-wirkender Bepflanzung aufzuwerten. Im Entwurf „Rückzugsort im Blätter-
wald" steht daher eine mit *Aristo-
lochia macrophylla* umrankte

Laube zwischen *Acer shirasawa-
num* 'Aureum', dem niedrigen
Prunus laurocerasus 'Otto Luyken'
und *Ilex crenata* 'Golden Gem'.
Wie die Mahonie eignet sich auch
der Kirschlorbeer, Hell-Dunkel-
Kontraste in einer Pflanzung her-
vorzuheben.

Das Japan-Waldgras (*Hakonechloa macra*) als dienende Staude wurde daher sowohl in der
grünlaubigen Form als auch in
der Sorte 'Aureola' verwendet.

Husum und
GOMORRHA

Was fällt Ihnen spontan zu Schleswig-Holstein ein? Sommerurlaub, Seehundaugen, Wacken, Windrad, Wattenmeer? Genau. Aber Verbrechen? Schleswig-Holstein, das Land zwischen den Meeren ein Sumpf der Kriminalität? Allerdings, denn allein im letzten Jahr wurden in Schleswig-Holstein mehrere hundert Hortensien gestohlen. Das sagt jedenfalls die offizielle Kriminalitätsstatistik des Landes.

Damit führt Schleswig-Holstein in dieser Verbrechenssparte weltweit vor den berüchtigten Hochburgen des Bösen wie Chicago oder Mexiko-Stadt. Selbst in den Slums von Rio werden weniger Hortensien gestohlen als zwischen Kieler Bucht und Eider.

Damit solche Schreckensnachrichten nicht die Touristen vergraulen und die Strandkörbe leer

bleiben, möchte die Polizei des Landes den Hortensienklau nicht mehr in die Kriminalstatistik aufnehmen. Weil, so die Begründung der Kripo, es sehr wahrscheinlich sei, dass die Pflanzen gar nicht gestohlen, sondern schlicht von den Karniggeln (Kaninchen) gefressen wurden. Und in diesen Fällen möchte man von einer Strafverfolgung wegen Mundraubes absehen.

Das ist eine gute Idee. Die Kriminalitätsrate sinkt hortensienbereinigt schlagartig in den Keller, übrig bleiben noch die wenigen Fälle von Vandalismus in Grünkohlfeldern und alle sind glücklich.

Nein, so einfach geht es nicht, sagt die Opposition im Landtag. „Man kann natürlich über Hortensien lächeln, aber damit fängt das an. Als nächstes wird Ladendiebstahl oder Fahrraddiebstahl nicht

Bezauberndes
Schleswig-Holstein

mehr verfolgt", entrüstet sich FDP-Fraktionschef Wolfgang Kubicki über die Tricksereien des Landeskriminalamtes. Wie glücklich das Land, in dem noch die feste Stimme der Hotel- und Hortensienbesitzer zu vernehmen ist. Denn natürlich hat Wolfgang Kubicki Recht: Das Lächeln über Hortensien gilt unter Fachleuten schon längst als Eintrittskarte in die Unterwelt. Danach geht's dann lustig weiter mit Mädchenhandel und Falschparken.

Allerdings gibt es auch ernst zu nehmende Gerüchte, dass die lokale Jugend auf der verzweifelten Suche nach Rauschmitteln die Hortensien raucht und auch inhaliert. Schon längst gilt das Pinneberger Baumschulgebiet mit seinen sorgfältig getarnten Hortensienfeldern als das Goldene Dreieck des Nordens! Nun haben Hortensien zwar gar keine

Wirkung, aber wenigstens geht es einem danach schlecht. Im Gift-Informationszentrum des Landes weiß man von rund zweihundert Fällen von Hortensien-Abusus zu berichten. Am schlimmsten habe es einen Hund getroffen, der sich mehrfach übergeben musste, erinnert sich ein Mitarbeiter.

Mal ehrlich, möchten Sie in einem Land Urlaub machen, das so auf den Hund gekommen ist?

Ein paar Gedanken zu

Pflanzenverboten

In der Erziehung von Kindern gibt es ein Gebot, das kaum jemand anzweifeln wird: Wenn Eltern ihren Kindern etwas verbieten, dann muss das auch befolgt werden. Alles andere würde den „Erziehungserfolg" massiv behindern und die Autorität der Eltern in Frage stellen. Mit zunehmendem Alter der Sprösslinge werden Verbote immer häufiger hinterfragt. Sätze wie „Weil ich es so befehle" oder „Das muss ich Dir nicht erklären" erhöhen nur bedingt die Akzeptanz. Was hat das nun mit Pflanzenverboten zu tun? Sehr viel. Doch fangen wir erstmal von vorne an.

Mit dem Schlagwort „Verbotene Pflanzen" verbinden viele Menschen zunächst den Hanf (*Cannabis sativa*), eine über Jahrhunderte erlaubte Nutzpflanze. Erst als die Nutzung sehr einseitig wurde, kam es zum Verbot. Auch für andere Pflanzen, deren Einnahme mit halluzinogenen Wirkungen in Verbindung gebracht wird, gelten gemäß dem Betäubungsmittelgesetz Anbaubeschränkungen – dazu später mehr.

Verbotene Arten sind jedoch weder eine Erfindung der Neuzeit, noch betreffen sie ausschließlich bewusstseinsverändernde Pflanzen. Schon bei den Alten Griechen waren „fruchtabtreibende" Pflanzen bekannt, also solche, die zum Schwangerschaftsabbruch führten. Diese Pflanzen wurden zeitweise geächtet, zu bestimmten Zeiten sogar bei drastischen Strafen verboten. Dies traf vor allem zu, wenn Kinder dringend „benötigt" wurden, etwa nach der Pest oder nach Kriegen. Heute gilt die Weinraute (*Ruta graveolens*) als bekannteste Vertreterin dieser Pflanzengruppe, es gibt jedoch noch weitere Arten, die zumindest im Verdacht stehen, eine ähnliche Wirkung zu besitzen.

In früheren Zeiten durften bestimmte Pflanzen nur in den Gärten von Herrschern gedeihen – man denke nur an die Chrysanthemen in Japan. Anderswo galten diese Pflanzen demzufolge als nicht verboten.

Neueren Datums sind Pflanzenverbote, die den Anbau von gentechnisch veränderten Pflanzen reglementieren. Auch die kürzlich veröffentlichte „Unionsliste" mit potenziell gefährlichen Neophyten, also eingeschleppten Arten, die die heimische Pflanzenwelt bedrohen, kann man als „Verbotsliste" betrachten. Kein generelles, aber lokal begrenztes Verbot gilt für bestimmte Giftpflanzen, nämlich an Spielplätzen. Welche Pflanzen als giftig und damit gefährlich betrachtet werden, schwankt nicht nur von Land zu Land, sondern teils von Stadt zu Stadt. Mir ist noch gut eine Diskussion mit besorgten Eltern in Erinnerung, die für sämtliche Pflanzen, die auf dem Spielplatz

Immer wieder ist man erstaunt, welch enormes Potenzial in Pflanzen steckt. Manchmal reichen schon wenige Gramm und ein grauer, öder Hamburger Vorgarten wird fröhlich bunt und erscheint täglich in einem völlig neuen Licht.

Hamburger Vorgarten nach dem Genuss von 200 Mohnbrötchen (*Papaver somniferum*).

einer Kindestagesstätte wuchsen, eine amtliche Nichtbedenklichkeitsbescheinigung verlangten. Nur einige Wochen später fand ich auf einem Spielplatz in Göteborg so ziemlich alle Pflanzen versammelt, bei denen die besorgten Eltern schon beim Anblick in Ohnmacht oder Schockstarre gefallen wären: Eiben, Thuja und Goldregen. Erstaunlicherweise wirkten die hier spielenden Kinder sehr lebendig. Vermutlich gehen sie zum Sterben erst nach Hause. Das spricht für die gute Erziehung schwedischer Sprösslinge.

An anderen Orten darf man Giftpflanzen ohnehin unbeschränkt handeln und pflanzen. Und dies ist schon ein bemerkenswerter Widerspruch: Der Eisenhut (*Aconitum*), in allen Teilen hochgiftig und seit Jahrhunderten beliebtes Mittel, um unbeliebte Menschen zu beseitigen, kann in jedem gut sortierten Gartencenter erworben und häuslichen Garten kultiviert werden. Ein berauschendes, aber selten direkt tödliches Mittel wie der Hanf dagegen nicht.

Hamburger Vorgarten mit Stechapfel-Tee (*Datura stramonium*).

Kommen wir damit noch einmal zu den bewusstseinsverändernden Pflanzen zurück: Erstaunlich ist, dass hier längst nicht alles verboten ist, was derartig wirken soll. Man könnte jetzt das Fass mit dem Alkohol aufmachen, dessen Missbrauch viel mehr Menschenleben fordert als jede andere Droge – und somit jede Pflanze, die als Basis dafür dient, verteufeln. Doch Alkohol ist in der Gesellschaft akzeptiert und soll uns deshalb nicht länger benebeln.

Hamburger Vorgarten mit 5 Gramm Hanf (*Cannabis sativa*).

Dem Kalifornischen Goldmohn (*Eschscholzia californica*) wird eine ähnliche Wirkung wie dem Hanf attestiert, ist aber anders als dieser in jedem Garten straffrei auszusäen. Trotz seines Namens hat der Goldmohn nichts mit dem echtem Mohn zu tun. Und bei diesem ist vor allem der Schlaf-Mohn verschrien. Glaubt man landläufigen Vorurteilen, dann ist ganz Afghanistan im Frühjahr in ein rosa Schlaf-Mohn-Blüten-Tuch eingehüllt. Nach der Ernte wird in dunklen Stuben daraus dann Opium oder gar Heroin gewonnen. Doch *Papaver somniferum*, wie der Schlaf-Mohn botanisch genannt wird, lässt sich auch auf riesigen Feldern in Österreich und Tschechien im Frühsommer beobachten. Um den sogenannten Bäckermohn zu gewinnen, werden dort opiatreduzierte Sorten verwendet.

Ganz und gar nicht opiatarm sind sogenannte „Bauern-Mohne", eine harmlos klingendere Bezeichnung für den Schlaf-Mohn. Sie sind in fast jedem Bauerngarten zu finden und erhalten sich dort durch Selbstaussaat auch ohne größeres Zutun des Gärtners. Über die Jahrhunderte wurden prächtige Auslesen selektiert, die von den Saatgutfirmen auch heute noch regelmäßig in Gartencentern angeboten werden. Und das völlig legal. Nicht legal ist jedoch die Aussaat des Samens. Findet sich dazu ein Hinweis auf der Samentüte? Fehlanzeige! Bedeutet das, dass hierzulande tausende, wenn nicht gar hunderttausende illegale Schlaf-Mohn-Felder betrieben werden – Deutschland also auf einer Stufe mit Afghanistan?

Das könnte man tatsächlich annehmen. Es gibt zwar auch in Deutschland eine Hintertür für den legalen Anbau von Schlaf-Mohn, aber diese ist so klein und unbekannt, dass sie wohl kaum jemand nehmen wird. Man kann bei der Bundesopiumstelle (kein Witz, die heißt wirklich so) eine Anbaugenehmigung für drei Jahre und maximal zehn Quadratmeter beantragen. Kostenpunkt: 75 Euro. Theoretisch ist dann eine erneute kostenpflichtige Genehmigung notwendig. Diese wird jedoch nach Auskunft der Behörde derzeit kostenfrei gewährt.

Hamburger Vorgarten mit 2 Scheibchen Fliegenpilz (Amanita muscaria).

Allerdings ist nur der Anbau des opiatarmen Bäckermohns erlaubt. Von diesem sind zwei farblich – sagen wir es mal vorsichtig – weniger attraktive Sorten ('Mieszko' und 'Zeno Morphex') im Umlauf. Ob nun in Deutschland tausendfach illegal Schlaf-Mohn angebaut wird, lässt sich nicht zweifelsfrei sagen. Auf Nachfrage teilt das Bundesinstitut für Arzneimittel und Medizinprodukte, wo die Bundesopiumstelle angesiedelt ist, jedenfalls mit, dass derzeit siebenundzwanzig erteilte Anbaugenehmigen existieren.

Ob Pflanzenverbote Sinn machen, mag der Autor letztlich nicht beurteilen. Wer Drogen zu sich nehmen möchte, wird seine Wege finden. Es entsteht jedoch der Eindruck, dass die bestehenden Verbote im Bereich der bewusstseinsverändernden und giftigen Pflanzen sehr willkürlich sind. Und Willkür ist nun wirklich keine gute Basis für die Erziehung von Kindern.

EASY *Gardening*

Ich muss zugeben, dass es Menschen gibt, auf deren Leben ich neidisch bin. Die haben einen interessanten und schönen Beruf, mit dem sie auch noch sehr viel Geld verdienen. Ich will nicht meckern, mein Beruf ist auch schön und interessant. Aber was machen diese Menschen alles noch so nebenher: Sie haben die Bücher gelesen, die man zurzeit lesen sollte und vorm Lichtausmachen noch schnell die Ilias im Original. Sie gehen ins Theater, in Konzerte, geben Konzerte, gehen ins Kino, malen, bildhauern, erziehen fantastische Kinder und unternehmen aufregende Reisen (drei Monate bei den Tuareg in Mali). Sie kennen Gott und die Welt und waren überall. Sie sind mal eben in der Lage, spontan für ihren großen, interessanten Freundeskreis am Wochenende ein Zwölf-Gänge-Fingerfood-Menü zu zaubern. Und das wird dann in ihrem alten Bauernhaus am See stilvoll serviert. Unter blühenden Apfelbäumen. In einem wunderschönen Garten mit Streuobstwiese, blühenden Ramblerrosen, selbst gefilzten Schafen und buchsgefassten Küchenbeeten, die überquellen von Gemüse und Kräutern. Und immer sehen diese Menschen dabei völlig stressfrei, gut gelaunt und blendend aus.

Das macht mich fertig. Wie schaffen die das? So ein Leben will ich auch. Ich lebe nur so rum und gärtnere vor mich hin.

Jetzt habe ich ganz vergessen zu erwähnen, dass diese Menschen auch noch Gartenbücher schreiben. Die heißen: *„Mein Landleben"* oder *„Von der Lust auf dem Land zu sein"* oder *„Countryside Gardening"*. Oder so ähnlich. Und da zeigen diese Menschen, wie man richtig entspannt gärtnert. Meist in weißer Bluse oder ländlich rustikalem Tweed, obwohl Gartenarbeiten wie Rosenblätter arrangieren, Sträuße binden und Schafe streicheln bestimmt schweißtreibende Angelegenheiten sind.

Aber die Bücher haben auch einen praktischen Wert. Denn diese Menschen zeigen uns hier zum Beispiel, wie man richtig Rosen schneidet. Nie die Rose ansehen beim Schnitt, sondern immer die Kamera! Das ist wichtig. Das gilt auch für den Schnitt von Lavendel.

Wie, Sie glauben, die machen das alles gar nicht selber? Die haben Gärtner? Die haben nie selbst den schweren Boden umgegraben, die elende Ramblerrose aufgebunden und die verflixte Wiese gemäht? Ja, aber warum schreiben die denn dann Gartenbücher? Und warum kaufen wir so etwas?

Schafe streicheln können wir auch allein.

Quer durchs Land

Kurz vor Ostern will ich zu einer Veranstaltung nach Grünberg in Oberhessen und fahre mit der Bahn. Mit dem ICE von Hamburg nach Fulda. Kurz vor der Abfahrt stelle ich fest, dass ich mein Buch zu Hause vergessen habe. Vier Stunden Bahn ohne was zu lesen geht nicht. Also habe ich die Bahnhofsbuchhandlung betreten. „Vergebung", „Vergeltung", „Ich bin dann mal weg" interessieren mich nicht und deshalb entschließe ich mich spontan zu einem waghalsigen Selbstversuch: Ich kaufe sämtliche deutsche Gartenzeitschriften und lese sie bis Fulda durch. Ich fische also alles, was nach Garten aussieht, aus den Regalen und bekomme drei prall gefüllte Plastiktüten über den Tresen gereicht! Dieses Land lechzt nach Garten, scheint mir.

An Gleis 13 Einfahrt des ICE 705 von Hamburg nach München. Vorsicht an der Bahnsteigkante. Ich pack dann schon mal aus: *Landlust. Landliebe. Liebes Land. Landidee. Landgarten. Landapotheke. Landkind. Mein schönes Land. Mein schöner Landgarten. Land und Berge. Landfrisch. Landspiegel. Landleben. Landhaus. Landzauber.* Wo ist „Land-Laptop"? Mir fehlt auch „Land unter. Natürliches Gärtnern auf der Hallig".

Die ältere Dame gegenüber guckt irritiert, weil ich nicht aufhöre, buntes Land-Irgendwas aus meinen Plastiktüten zu ziehen.

Und nun hinein ins Lese-Vergnügen: *Jetzt ist Frühlingszeit! Frühlingsboten. Basteln mit Eierschalen. Kunterbunte Ostertische. Frühlingsboten. Bunte Frühlingsboten. Sorbische Eierschalenmalerei. Köstliches fürs Osterfrühstück. Bunte Frühlingsboten. Der Frühling ist da – und mit ihm Meister Adebar. Frühlingsboten.*

Ab Göttingen bekomme ich juckenden Hautausschlag von dem Wort Frühlingsboten und meine Augen tränen von all dem Familienglück unter blühenden Apfelbäumen. Ich mag auch keine Narzissen mehr sehen. Oder niedliche Kinder mit Häschen auf dem Arm. Oder gedeckte Ostertischchen. Zudem ist mein Cholesterinspiegel allein durch das Ansehen der ungezählten österlichen Eierrezepte durch die Decke geschossen. Aber endlich, nach all dem bunten Frühlingsgeschwurbel, erlöst mich die einfache Prosa der Deutschen Bahn:

Meinedamunherrn, in wenigen Minuten erreichen wir Fulda. Hier haben Sie planmäßigen Anschluss an den ICE 414 nach Bramsche über Wuppertal, Chicago und Prag. Ausstieg in Fahrtrichtung rechts. Sänk ju vor träweling wiss Deutsche Bahn.

Land unter!

FRÖHLICHES GÄRTNERN AUF DER HALLIG

HAUSTIER
Alte Heringsrassen
neu entdeckt

LECKER
Kekse aus Strandhafer

OSTERMENÜ
Seehund im Salzteig

ORIGINELL
Osterschmuck
aus Krabbenschalen

GARTEN
Die besten
Pflanztipps bei Ebbe

SPECIAL
Wenn lieber Besuch
kommt: Festliche
Schwimmwesten

Bei Gegenverkehr
bitte hier warten

Diesen Titel vermissten wir bisher am Zeitungskiosk.

The Times They Are A-Changin'

Seit fünfzig Jahre gibt es in meiner Nähe einen Laden für Gartenbedarf. In dritter Generation. Ich nenne ihn jetzt mal „Dieter Meier Gartenbedarf". Dort gab es nützliche und schöne Dinge wie Taubenfutter, Düngemittel, Rattengift und Bambusstäbe. Wenn man reinkam, roch es meist nach Saatgut und Hornspänen. Der Ton war rau, aber herzlich, und an der Warenausgabe wurde man als guter Kunde stets liebevoll begrüßt mit dem Satz „Was willst du denn schon wieder hier?".

Vor ein paar Jahren hat der Laden einen Relaunch erfahren. Das Wort ist genauso grausig wie das Ergebnis dieser Metamorphose. Denn aus **„Dieter Meier Gartenbedarf"** wurde **„Meier. Outdoor Living."**.

Betritt man den Laden jetzt, riecht es nach Duftpotpourri „English Summer Dream". Dazu gibt es entweder Vogelgeräusche vom Band oder aber Lounge-Music.

Das Warenangebot ist den Wünschen der Kunden angepasst worden. Kein Taubenfutter, kein Stroh, kein Saatgut und keine Bambusstäbe mehr. Bentonit und Düngemittel wird es nicht mehr lange geben. Ich kann jetzt allerdings einen rosa Hirsch kaufen bei „Meier. Outdoor Living.". Der ist knapp lebensgroß, aus Kunstharz und mit Glitzersteinchen belegt. Für 2.900 Euro. Ich glaube, wenn ich ein ganzes Hirschrudel kaufe, wird es günstiger. So ein Hirsch ist witzig und originell.

Genau wie das breite Angebot an Buddhas und tibetanischen Steinlampen für den sinnsuchenden Kunden. Gartenbesitzer hingegen, die das Gefühl haben, ihrem Dasein fehle es an Authentizität und gelebter Geschichte, können brandneue, rostige Gartengeräte und Möbel kaufen, an denen kunstvoll der frische Lack abblättert. Das nennt sich Shabby-Chic und steht im krassen Gegensatz zu den Ansprüchen der Moderne an unser aller Leben. Denn wir dürfen nicht in der Gegend herumstehen und in aller Ruhe vor uns hinrosten. Uns findet auch keiner chic, wenn irgendwann der Lack abblättert.

Erleuchtung im Angebot.

€ 27,50

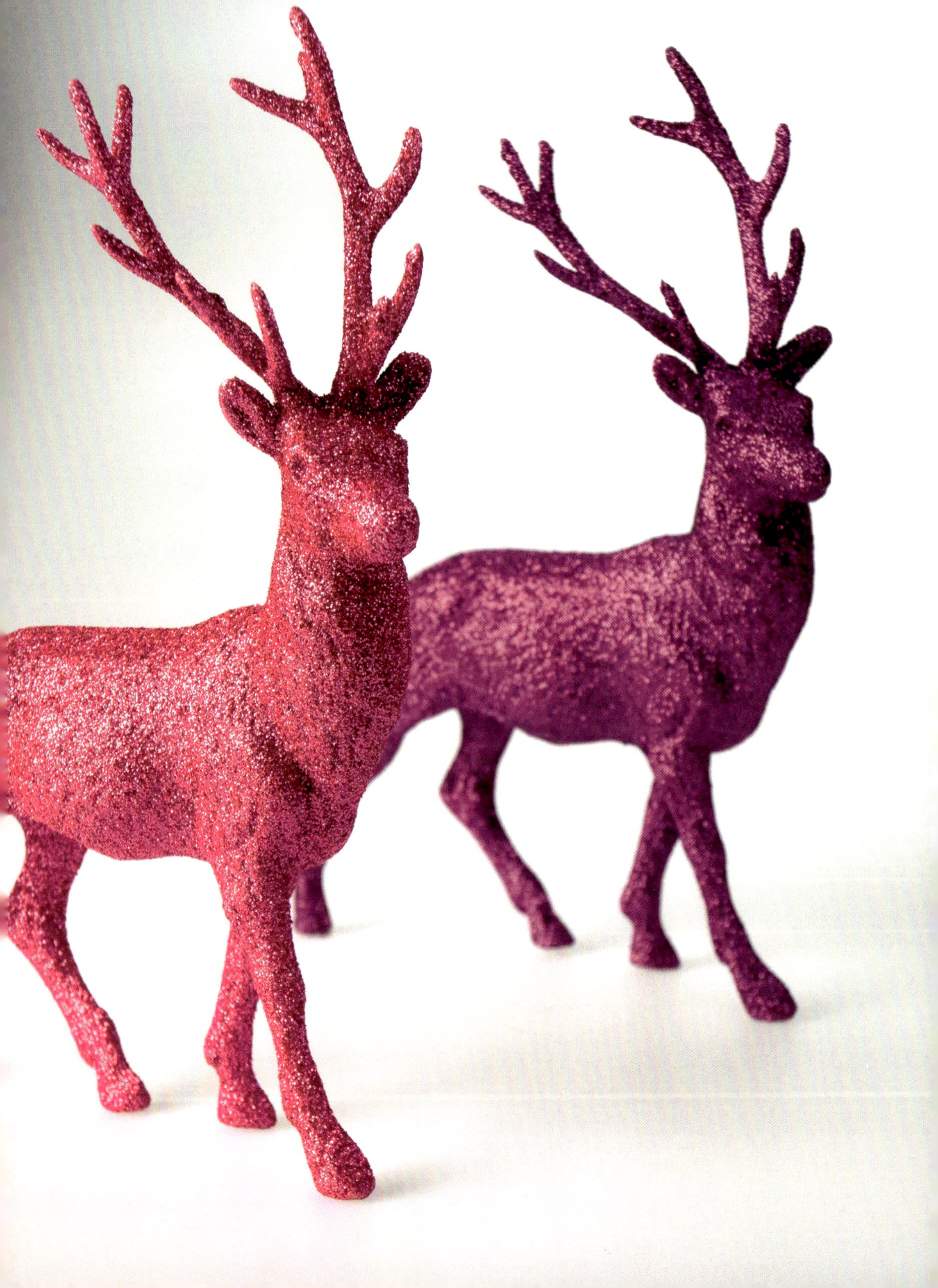

Das moderne Leben wäre keins ohne das Event. Auch bei „**Meier. Outdoor Living.**".
Event ist wichtig, denn Event macht den Garten erst zum coolen Erlebnis-Raum. Zum Beispiel beim Grillen. Das ist ein Mega-Event vorzugsweise für Männer. Erst kauft der Mann einen hochpreisigen Lavagrill und belegt anschließend Abendkurse für ein Event-Grillen bei „Meier. Outdoor Living.". Dazu kommt ein Grill-Guru aus Süddeutschland und zeigt den Porschefahrern, wie man eine Wurst wendet. Das ist zwar recht kostspielig, aber wir lernen dabei immerhin das alte Wort „angebrannt" durch den Ausdruck „das Fleisch entwickelt rauchige Röstaromen" zu ersetzen.

Hauptverkaufstag bei „Meier. Outdoor Living." ist der Samstag. Was sie (*die Kundin*) im Laufe der Woche ausgesucht hat, wird ihm (*ihrem Mann*) dann präsentiert. Er setzt sich hin und sagt „Jaja" und „Hmm". Es geht bei diesem Einkauf schließlich nicht um einen Grill oder einen Aufsitz-Rasenmäher, sondern um die wetterfeste Lounge-Kombination „Modena" in Anthrazit. Dazu gibt es Prosecco oder Latte Macchiato. Ohne Getränk kein Verkauf. Während sie die Farben nachjustiert, scannt er mit seinem Handy die Artikelnummer, lässt sie durch ein Internet-Vergleichsportal laufen und sagt dann zu dem Verkäufer: „Hömma, du kommst mir preislich aber mal entgegen. Ich seh das Ding hier glatt für fünfhundert Ocken günstiger." Das war in der Zielgruppe für Taubenfutter so nicht üblich.

Obwohl „Meier. Outdoor Living." keine Pflanzen anbietet, spielen sie in den Gärten der Kunden eine wichtige Rolle. Rollrasen zum Beispiel ist wichtig als Bodenbelag für den Grillplatz und es gibt auch jede Menge tolle, formschöne Kübel, die mit irgendwas bepflanzt werden wollen. Rosen wären schon toll. Aber die gehen uns immer ein. Ahorn wäre auch toll. Aber der geht ja bei uns auch immer ein. Mit Hortensien hatten wir auch immer Pech. So rein preisleistungsverhältnismäßig spricht eigentlich alles gegen die Pflanze. Erinnern Sie sich noch an den tollen rosa Hirsch aus Kunstharz? Der mit den Glitzersteinen? Mit dem rosa Hirsch hatten wir nie Pech. Haben sie den auch in Blau?

Ein Picknick

der Fantasie

Ich höre häufig den Satz „Das kann ich mir gar nicht vorstellen." Das sagen Kunden, wenn ich ihnen erzähle, wie ihr Garten später mal aussehen wird. Meist kommt der Satz von Männern, fällt mir dabei ein. Der Satz wird gern etwas weinerlich vorgetragen: „Ich kann mir das gar nicht vorstellen." Oft folgt darauf dann die Forderung, ob man „das Ganze nicht mal visualisieren könne." Mindestens dreidimensional. Es gäbe da tolle Programme. Das trifft auf Ohren, dessen Eigentümer an der einfachsten Excel-Tabelle scheitert.

Neulich war auch schon von drehbaren, dehnbaren, vierdimensionalen Gartenansichten die Rede. Die zeigen dann die Gartenentwicklung im Laufe der kommenden Jahrzehnte, die unterschiedlichen Jahreszeiten und auch schon in Echtzeit den Kontostand des Kunden während der Bauarbeiten. Wenn ich so etwas höre, fühle ich mich alt.

Der Mann, der sich das gar nicht vorstellen konnte, sagt nach Beendigung der Bauarbeiten: „Jetzt kann ich mir das auch vorstellen." Es ist enorme visionäre Kraft nötig, um sich etwas vorzustellen, was dann bereits fertig vor einem steht. Aber auch ich kann mir manche Sachen nicht vorstellen.

Ich habe neulich in der Zeitschrift „Living at home" den Beitrag „Picknick deluxe im Wald. Feiern mit Freunden" gesehen. Nette, schöne Menschen mit netten Kindern haben dort ein Picknick in einem Erlenbruch veranstaltet. Es sah nach April oder Mai aus. Also noch ein bisschen frisch. Die aktiven, modernen Menschen haben ein schlichtes Picknick mit Esstisch, Tischdecken, Blumenvasen, Stühlen, Geschirr, Besteck, Weinkühler, Gläser, Servietten und Küchen-Arbeitstisch in den Wald geschleppt. Was aber wäre ein zünftiges Picknick ohne die richtigen Küchenutensilien? Deswegen hingen Pfannen, Siebe und Töpfe auch lustig in den Zweigen der Bäume. Alle Freunde zusammen haben dann lachend im Wald auf dem frühlings-feuchten Rohhumus-Boden ein fünfgängiges Menü gezaubert. Auch die Kinder haben mitgemacht.

So etwas kann ich mir nicht vorstellen. Meine Fantasie reicht nur bis zu den vielen Mücken im Wald. Und wer nachher den ganzen Krempel wieder aus dem Wald zurück ins Auto trägt. Und wie man diese Aktion dem Förster erklärt. Oder den Wildschweinen. Mir würde selbst eine fünfdimensionale Darstellung dieses Picknicks nicht helfen, mir so etwas vorzustellen.

Bei Temperaturen unter 5 Grad ist ein Picknick weitgehend zeckenfrei.

REAL
Fake

Das Ding heißt NoPhone und sieht aus wie ein SmartPhone. Das ist allerdings auch schon die einzige Gemeinsamkeit mit einem SmartPhone. Denn das NoPhone ist ein massiver, flacher Plastikblock ohne jegliche Technik innen drin. Man kann damit nicht telefonieren und auch keine Selfies machen. Es sei denn, Sie kaufen eine Selfie-Version des NoPhone. Dann klebt ein Spiegel auf dem Plastikblock. Das NoPhone verkauft sich glänzend. Es wird von Leuten benutzt, die nicht ohne Handy sein können, sich und anderen aber mit ihrem ständigen Rumgefummel und Hingeschiele fürchterlich auf die Nerven gehen. Ja, stimmt, dieses Handy dürfen Sie auch ins Kino mitnehmen.

„Wer sich an das Absurde gewöhnt hat, findet sich in unserer Zeit gut zurecht."

Eugène Ionesco,
gesendet von seinem NoPhone

Die Firma Zaundruck stellt wetterbeständige, beidseitig bedruckte Folien her, die wir in einen Stabgitterzaun einflechten können. Da gibt es beispielsweise Folie, die wie Gabionen aussieht. Hier kann man unter anderem wählen zwischen Modell „Münsterland", „Ibiza", „Korfu" und „Provence". In der Tat wirkt „Münsterland" etwas schwerer und bodenständiger, während man bei "Ibiza", „Korfu" und „Provence" sofort in Ferienstimmung kommt. Allerdings abwaschbar und UV-beständig. Neben Gabionen-Folie ist auch noch Natur-Folie im Angebot. „Tannenzweige", „Kirschlorbeer" und „Lebensbaum gelb" sind hier meine klaren Favoriten. Neben der hochwertigen Optik finde ich die Vorstellung charmant, dass bei dieser Hecke der Asiatische Laubholzbockkäfer schlagartig seinen Schrecken verliert.

Dann bietet Zaundruck noch die Möglichkeit, dass sich die Patienten ein eigenes Motiv für den Zaun auswählen und drucken lassen können. Damit steht dem Traum vom weißen Garten in Deutschland nichts mehr im Weg.

„Plantop Dekormulch – steingrau" ist ein Rindenmulch, der steingrau eingefärbt wurde, damit das Holzhäckselzeugs wie Stein aussieht. Eine Emmy schreibt dazu bei Amazon: „Der graue Mulch schaut aus als ob man Schiefer Splitt im Garten verstreut hätte. Ganz toll sag ich nur. Über den 1.Mai hatten wir 4 Tage dauer Regen, und die Farbe hält. Top!!!!!!" Emmy könnte damit jetzt zum Beispiel auch ihre Gabionen befüllen und dann mit Naturfolie „Tanne" bekleben.

Neue *Pflanzen*

Pyracantha 'Softdorn'

eine bestechende Novität im *Pyracantha*-Sortiment!

Diese neue, in einem Demeter-Betrieb gefundene Sorte ist
gewaltfrei, achtsam und nachhaltig!

'Softdorn' hat biegsame Dornen, die bei leisester Berührung nachgeben
und sich beleidigt zurückziehen.

Dermatologisch getestet und damit auch Kita-geeignet.

***Venusfliegenfalle* 'Vegan Star'**
Endlich gibt es auch vegane fleischfressende Pflanzen!
Diese neue Züchtung aus einem Café in Berlin-Mitte
verschont Fliegen und Mücken, weil sie viel lieber Bärlauch, Bulgur,
Gurken-Rauke-Smoothies und Quinoa zu sich nimmt.

Zappen

Draußen ist es kalt und trübe und das bedeutet, ohne schlechtes Gewissen im Haus bleiben zu können. Ich genieße die gepflegte Langeweile am Nachmittag und zappe dann mit der Fernbedienung einmal durchs Fernsehprogramm. Tolle Schmuckangebote beim Teleshopping, uralte Serien, grinsende Fernsehköche und übergewichtige Frauen, die andere übergewichtige Frauen als fette Schlampen beschimpfen: Die Welt des Nachmittagsfernsehens ist bunt. Und dann plötzlich Schneeglöckchen in Nahaufnahme, untermalt mit Vivaldi. Schneeglöckchen, die sich im Frühlingswind bewegen, Schneeglöckchen, die gerade von Bienen besucht werden. Dann eine Stimme mit leicht bayrischem Tonfall, die erzählt, dass jetzt Schneeglöckchenzeit ist und dass die derzeit modern sind. Ah, eine Gartensendung! Die bayrische Stimme erklärt, dass man die Schneeglöckchen sammeln kann, weil es ja so viele verschiedene gibt und dass es dafür extra Pflanzenmärkte gibt. Die Kamera zeigt die Besucher einen solchen Pflanzenmarktes. Lauter rotgefrorene, glückliche Gesichter. Dann tritt der Experte auf. Er sieht so aus, wie sich ein unbedarfter Zuschauer einen Gärtner vorstellt: fröhlich, rustikal und grün angezogen, mit einem gewaltigen Bart und einem Strohhut auf dem Kopf. Der Experte erzählt, dass jetzt die Zeit der Schneeglöckchen ist. Und da gäbe es ganz viele unterschiedliche Sorten, sagt der Experte. Als Beispiel für die verwirrende Formenvielfalt der Schneeglöckchen hält er dann einen Märzenbecher vor die Kamera und sagt „Das hier ist ein ganz besonders großes Schneeglöckchen." Ich warte nach diesem Satz darauf, dass der Experte vom Blitz getroffen wird oder zu Staub zerfällt. Aber stattdessen geht es weiter zum nächsten Thema.

In der nächsten halben Stunde sehe ich pausenlos Bienen, die in Blüten fliegen, sehe Falter, die flügelklappend auf Blüten hocken, höre Experten zu, die erklären, wie man wohltuende Einläufe aus Petersilie herstellt und wie wir eine Nisthöhle für den Waldkauz bauen. Und die ganze Zeit spielt dazu heiterer Vivaldi.

Die Sendung ist vorbei und es wird Zeit für ein Reinigungsprogramm. Pizza statt Petersilie, Bier statt Bienen. Und vor allem: Kein Vivaldi! Sondern Velvet Underground. „Oh! Sweet nuthin'!"

Das Märchen vom

Goldenen Kompost

Es gibt kein Gartenbuch und auch kaum eine Gartenzeitschrift, in der nicht Redewendungen gebraucht werden wie „mit Kompost verbessern", „mit Kompost düngen" oder „mit Kompost mischen". Nichts geht im Garten ohne Kompost. Eigenen Kompost, wohlgemerkt. Des Gärtners Gold, wie Kompost auch gern genannt wird, rangiert in der Skala der Wertschätzung zwischen selbst gemachtem Quittenbrot und Helmut Schmidt.

Nach meinen Erfahrungen gibt es allerdings bei all dem Getue um den „guten Kompost" kaum etwas Selteneres in einem deutschen Garten als einen funktionierenden Kompost. Eher brütet der Eisvogel in ihren Rabatten als dass wir einen Kompost finden, der diesen Namen auch verdient und tatsächlich Komposterde produziert. Sicher, sehr viele Gartenbesitzer haben etwas im Garten, was sie leichtsinnig als Kompost bezeichnen. Mein Vater, ein großer Kompostianer, hätte mit solchen Leuten gar nicht geredet. Es existieren putzige Vorstellungen von einer Zaubertonne namens Kompost, in die ich oben bedenkenlos alle möglichen, unappetitlichen Dinge hineinwerfen kann und nach einem Jahr unten schwarze, krümelige, duftende Erde heraushole. Richtiges Kompostieren setzt Wissen, Arbeit und Zeit voraus. Diese drei Dinge sind mit einer modernen Lebensführung schwer kompatibel. Man kann es nicht und würde doch so gern.

Um meine These zu belegen, erzähle ich Ihnen die Geschichte von einem Bekannten von den Hamburger Staudenfreunden. Dieser ältere Herr war ein passionierter Gärtner und ein Großmeister der Kompostwirtschaft. Einer seiner Tricks war zum Beispiel der Einsatz von Schichten aus Wellpappe im Kompost. Gut für die Durchlüftung, gut für Zehntausende von Regen- und Rotwürmern im Kompost und dadurch optimal für die Rotte. Eines Tages nun unterhielt sich der Kompost-Meister mit einem Journalisten einer regionalen Tageszeitung. Das Gespräch kam auf den Kompost. Wäre es nicht eine schöne Idee, wenn der ältere Herr den Lesern sein Wissen zur Verfügung stellen könnte? Zum Beispiel an einem Tag des offenen Komposts, wo man dann den Interessierten im Garten etwas zeigen könnte? Ja, das ist eine schöne Idee und so wurde ein Samstag in vier Wochen als Termin für eine Kompostführung in die Zeitung gesetzt.

An besagtem Samstag waren schon zwei Stunden vor Beginn der kleinen Gartenführung sämtliche Straßen der Umgebung zugeparkt und mit Autos verstopft. Schätzungsweise fünfhundert Menschen drängelten in den Garten und wollten einmal in ihrem Leben einen kurzen Blick auf einen funktionierenden Kompost werfen. Unser Kompostfreund hatte also gut zu tun und bekam dann noch Ärger. Denn die Nachbarschaft konnte sich den ganzen

Plutonium hat eine Halbwertzeit von 24.000 Jahren. Da halten behandelte Orangenschale und Topfballen aus Torf im Kompost locker mit und sehen noch frisch aus.

Auflauf nur mit einer goldenen Hochzeit erklären und war sauer, weil man sie nicht eingeladen hatte.

An dieser Stelle noch ein praktischer Tipp: Keine Experimente mit Tieren. Mein Vater, wie schon erwähnt ein großer Kompostfreund, brachte eines Abends in der Dunkelheit zwei Plastiksäcke mit irgendwas in den Garten und vergrub das Ganze dann eilig im Komposthaufen. Am nächsten Morgen sah der Haufen aus wie der Vogelfelsen auf Helgoland. Hunderte von Möwen und Krähen machten dort Krawall und flogen hektisch in der Gegend herum. Mein Vater war auf die Idee gekommen, Fischabfälle, woher und warum auch immer, in den Kompost einzuarbeiten. Das Ganze geschah in Eile und Dunkelheit, damit meine Mutter es nicht merkt und wurde dementsprechend nicht tief genug eingearbeitet. Also flogen in den nächsten zwei Tagen Scharen von kreischenden Möwen und Krähen mit Fischabfällen im Schnabel herum und versauten den Garten. Lassen Sie so etwas!

In vielen Gärten entstehen ohne große Absprache der beteiligten Nachbarn sogenannte „Ecken". In einer Ecke des Grundstücks wird das Gartenhaus aufgestellt. Fängt ein Gartenbesitzer damit an, ziehen die anderen ohne zu Maulen nach und bauen ihre Gartenhäuser auch in genau diese Ecken. Das funktioniert so automatisch wie die Eröffnungszüge beim Schach.

Spielen in der normalen Gartenfläche ästhetische Erwägungen kaum eine Rolle, sind sie in den „Ecken" völlig überflüssig. Denn die „Ecken" sind ausschließlich für praktische Verrichtungen gedacht und für Dinge, die man nicht mehr sehen möchte. Ein Stapelplatz für Reste vom Hausbau und Brennholz. Dann werden hier noch Sachen zwischengelagert, für die man eigentlich mal wegfahren müsste, um sie zu entsorgen: kaputte Gartengrills, zerbröselnde Tongefäße und platte Schubkarren. Und dann ist da der Kompost. Deswegen wird die „Ecke" häufig auch „unsere Kompostecke" genannt. Kompost ohne Ecke ist so undenkbar wie Fußgängerzonen ohne peruanische Flötenspieler.

Der Kompost, egal ob grüner Behälter aus Kunststoffrecycling oder Drahtkäfig, steht in der „Ecke" immer in der Ecke. Damit man nicht so gut rankommt. Fortgeschrittene bauen dicht daneben gleich den zweiten Kompostbehälter. Zum Wechseln.

Denn, das haben sie gelesen, irgendwann muss ein Kompost umgesetzt werden. Wenn er reif ist, so sagt das Märchen. Im wahren Leben erreicht aber kaum ein Kompost diesen Zustand der Erleuchtung.

Sehen wir uns einen normalen Kompost in einem normalen Garten einmal genau an: In der äußeren Schicht ist unser normaler Kompost staubtrocken, das Herbstlaub von vor zwei Jahren ist immer noch unverändert Herbstlaub – nur leicht mumifiziert. Auch die Teebeutel sind nur erneut getrocknet, sehen aber ansonsten noch aus wie Teebeutel. Da hat sich nichts gerührt. Weiter innen im Kompost stoßen wir auf die matschige Fäulnisschicht. Wir erinnern uns an die Zeit, als der Rasen wuchs wie verrückt und wir zweimal die Woche mähen mussten. Da war der Kompost schnell voll. Unter der dicken, schleimig-bläulichen Rasenschicht, die auch in hundert Jahren nicht wie duftend krümeliges Gärtnergold aussehen wird, kommen wir zum Kern unseres Komposts. Der Kern unseres Komposts wird gebildet aus Materialien, die mehr Zeit zum Verrotten brauchen als die Pyramiden von Gizeh. Blumensträuße mit Rosen, Ilexblättern und ordentlich Bindedraht sind eine gute Grundlage für einen Kompost. Dünne, lange Bambusstäbe dürfen nicht fehlen und, ganz wichtig, alte Topfballen! Ohne alte Topfballen, zum Beispiel Heidepflanzen aus der Winterdeko, meist komplett aus Torf, ist der moderne Kompost schlicht nicht denkbar. Kenner fügen gern noch Zimmerpflanzenreste hinzu, doch die angeblich tote Yuccapalme überlebt im Kompost gut gelaunt und immergrün selbst den Gärtner noch um Jahre. Natürlich wissen wir, das Küchenabfälle hier nichts zu suchen haben. Aber Bananenschale geht doch, oder?

Diese teuflische Mixtur widersteht allen Angriffen durch Bakterien, Hitze, Nässe oder Würmer oder was auch immer in einem Kompost so herumarbeitet. Auch das hektische Überpudern mit Kompost-Fix und ähnlichen Hilfsmitteln führt nicht zu einer Veränderung oder Reduzierung des Kernmaterials.

Unsere Welt mag vergänglich sein, unser Leben an uns vorüberziehen und aus unseren Kindern mögen selber Eltern werden: Pflanzballen, Bananenschalen, Yuccapalme und Blumensträuße, die wir einst als junge unwissende Menschen mit glatter Haut und vollem Haar in den Kompost gaben, tauchen Jahr für Jahr unverändert wieder daraus empor und ermahnen uns mit leiser Stimme: „Lass es! Vergiss Deinen Kompost, der nie einer war und kauf lieber einen Sack anständige Blumenerde. Und dann setz dich in den Liegestuhl und hör auf, über die viele Arbeit im Garten zu jammern!"

Mich erinnert unser Umgang mit dem Kompost immer an eine Szene in der amerikanischen Serie „Dr. House". Der Doktor wird von einer Frau gefragt, ob er ein Glas Orangensaft haben möchte. „Danke gern", sagt der Doktor. „Ist auch selbstgemacht", fügt die Frau noch hinzu. „Ach, dann lieber nicht", antwortet Dr. House.

Das alles kann Sie nicht von der Idee eines eigenen Komposts im eigenen Garten abhalten? Dann fangen Sie am besten so an: Kaufen und lesen(!) Sie erst einmal ein vernünftiges Buch über Kompostwirtschaft (zum Beispiel „Das Kompostbuch" von Agnes Pahler, Pala Verlag). Und dann werfen Sie nie etwas auf den Kompost, für dass Sie sich schämen könnten, würden Sie Ihre Freunde an einem Sonntag zum gemeinsamen Umsetzen „der Goldgrube" einladen.

SICHT*SCHUTZ*

Bei Wikipedia erstellt man gerade eine Liste der tausend wichtigsten deutschen Wörter. Siebenhundertfünfzig wichtige Wörter hat man schon. Natürlich sind die Klassiker wie „und", „oder", „ich" und „wir" dabei. Aber auch das Wort „Qualle". Das finde ich eigenartig. Ich könnte mir gut vorstellen, in Jahren ohne Ostseeurlaub locker auf das Wort „Qualle" verzichten zu können. Da würde mir nichts fehlen, glaube ich.

Mir fehlt in der Liste allerdings das für den Garten wichtigste und unverzichtbare Wort „Sichtschutz". Sichtschutz ist bei der Gartengestaltung so wichtig wie „und", „oder", „ich" und „wir" zusammen.

Der Garten ist klein, sagen wir mal fünf mal fünf Meter vor der Terrasse, dann kommt als erste Forderung: Sichtschutz! Und zwar mindestens drei Meter hoch! Mein Einwand, dass dadurch eine räumliche Wirkung entsteht, die der einer Einzelzelle in Guantanamo ähnelt, wird rasch vom Tisch gewischt. Nix da, es würden einem sonst pausenlos die Nachbarn oder andere wildfremde Menschen ins Haus glotzen. Aber wenn ihr doch solche Sichtschutz-Fetischisten seid, warum habt ihr euch von eurem Architekten ein Haus bauen lassen, in dem sogar die Klo-Fenster bis zur Erde reichen? Der tolle Architekt verkauft euch Luftigkeit und Transparenz und der Gärtner kann nun sehen, wie er das Elend wieder versteckt.

Ganz in meiner Nähe hat der Hamburger Gartenarchitekt Karl Plomin in den Sechzigerjahren eine Einzelhaussiedlung geplant. Hier gab es keine Hecken, Zäune oder „Sichtschutz", sondern überlegte Geländegestaltung. Und ein kluger Einsatz von Gehölzgruppen sorgte für Intimität des einzelnen Gartens bei gleichzeitiger Großzügigkeit der Gesamtanlage. Nun haben die Grundstücke die Besitzer gewechselt und die Latte-macchiato-Generation ist eingezogen. Und das bedeutet neben zwei Carports zusätzlich zur Garage auch jede Menge Sichtschutz. Das bekannte Duo Infernal des deutschen Sichtschutzes, Kirschlorbeer und Bambus, hat schnell und zuverlässig jede Großzügigkeit der Anlage aufgefressen. Sehe ich mir dieses zerstörte Ensemble heute an, erwische ich mich bei Bestrafungsfantasien, die jedem Taliban Angst machen würden.

Übrigens fehlt auch das Wort „spießig" in der Wikipedia-Liste der wichtigsten deutschen Wörter. „Spießig" und „Sichtschutz" müssen rein in die Liste. Dafür streichen wir die „Qualle".

SICHT*SCHUTZ:*

The good,
the bad
and the ugly

Hohe Stauden bieten sich als Sichtschutz an, wenn der Garten für Gehölze zu klein ist und wenn er hauptsächlich im Sommer genutzt wird. Hier schützen kräftige Stauden wie Hohes Mädchenauge (*Coreopsis tripteris*) und verschiedene Chinaschilf-Sorten (*Miscanthus sinensis*) vor ungebetenen Einblicken von Juni bis Oktober.

Eine wesentliche Forderung an den Sichtschutz ist, dass er da ist, wo man ihn braucht: Form follows function. Wenn aber, wie in diesem Beispiel, die pure Klarheit der reinen Funktionalität noch durch das ironische Spiel mit dem Material gebrochen wird, dann kann man nur sprachlos den Hut ziehen. Chapeau!

„Jede Farbe lebt erst richtig durch ihre Nachbarfarben" sagt Karl Foerster. Hier sieht man, wie sehr dieser Ausspruch stimmt. Das leuchtende Grün der noch lebenden Scheinzypressen findet seinen Konterpart im ruhigen Braungrau des Totholzes. Auf die Spitze getrieben wird das Farbspiel durch den augenzwinkernden Einsatz des kecken, gelben Verbotsschildes. Mutig, aber gekonnt!

A ROSE
is a Rose,
is a Rose.

Der Auftrag für den jungen Kollegen in Berlin klang einfach: „Renovieren Sie unser Vorgartenbeet in Wilmersdorf und machen Sie was Schönes draus." Also hat er als erstes die Rosen entfernt. Garstige, struppige Gestalten ohne Blätter und ohne Blüte, dafür aber voll Mehl- und Sternrußtau und hat sie durch gesunde, blühende Stauden ersetzt.

Statt Ruhm, Lob und Gold erntete der Gestalter aber einen Tsunami des Zorns: Die Menschen in Wilmersdorf, so wurde ihm gesagt, hätten jetzt ihren Lebenssinn verloren, lägen sich nun weinend in den Armen und wären verzweifelt. Wo ist sie hin, die Schönheit? Der Glanz? Die Rosen?

Sein zaghafter Einwand, dass die Rosen doch hässlich gewesen seien, wurde nur als weiterer Beweis seiner Unzulänglichkeit und seines Nichtwissens gedeutet. „Denn merken Sie sich eins, junger Freund: Rosen sind nie hässlich! Die können machen was sie wollen, die sind immer schön! Hören Sie sich doch nur mal die herrlichen Sortennamen an." *Ja*, *BV Borussia*, *Aspirin*, *Europawelle Saar*, *Marie Louise Marjan*, *Podolski*. Da fängt man doch an zu schwelgen. Das klingt doch schon romantisch. Oder die *Heidi-Klum-Rose*: mager, zickig, stachelig, da geht einem gleich das Herz auf.

Und während beim *Sedum* schon über ein trübes Blatt gemault wird, räumen wir für die Königin der Pflanzen noch ein Regal im Bücherschrank frei, damit all die Bildbände über Rosenkrankheiten noch Platz finden.

Wenn der *Aster* mit dem Kompost gedroht wird, weil sie ja so viel Arbeit macht, dann bedeutet der zwölfte Durchgang mit diversen Fungiziden bei den Rosen das reine Glück. Als Dankeschön gibt es einen blutenden Kratzer am Unterarm und gefüllte Blütenbälle, die bereits im Moment des Aufgehens die Frische von Fallobst ausstrahlen.

„... Unsere schöne *Raubritter*!" Die würde sogar in der Kalahari Mehltau bekommen und verregnet aussehen. Für diese große Leistung verdient sie auf ewig einen Platz in unserem Herzen und in unserem Garten.

All das dürfen Rosen nur, weil sie Rosen sind. Und Rosen sind nun mal, das hat sich vor Jahrmillionen im Stammhirn des Gartenbesitzers eingenistet, einfach schön, weil sie Rosen sind. Mag sie auch noch so erbärmlich aussehen.

A rose is a rose is a rose is a rose.
Das gilt nicht nur in Wilmersdorf.

Heckenzauber
Polyantharose

Krakeliger Wuchs, drei Blätter, jede Menge Krankheiten und Mühe machen, alle paar Meter mal ein Blüte und dann völlig schamlos mit dem Namen 'Heckenzauber' angeben – das ist es, was wir an Rosen so schätzen!

DIE BESTEN

ROSEN
für den Garten

Jonas: Das heißt, Du magst überhaupt keine Rosen?

Jörg: Doch, natürlich! Mich nervt nur dieser Rosen-Hype. Ich halte Rosen einfach für überschätzt. Es gibt schon schöne Rosen. Ab und zu ...

Jonas: Und wenn wir die drei besten vorstellen?

Jörg: Können wir machen. Ist aber nicht sehr originell. Drei? 'Pauls Himalayan Musk', 'Ghislaine de Feligonde' und 'The Fairy'. Ist mir wirklich peinlich, aber die 'The Fairy' sieht immer gut aus. Ein klasse flachwachsende Rose, immer gesund und ewig lange blühend. Wenn auch babyrosa. Ich habe die mal in einer wirklich idiotensicheren Pflanzung zusammen mit Teppich-Schleierkraut und Geranium 'Rozanne' gepflanzt. Richtig langweilig, aber so lange Zeit schön!

Jonas: 'Ghislaine de Feligonde' hätte ich auch genommen. Habe ich noch nie krank erlebt. Aber wird die nicht zu groß?

Jörg: Für Rosenschneide-Freaks bestimmt! Einfach wachsen lassen, die wird locker eins achtzig hoch und breit. Und blüht und blüht und blüht ...

Jonas: Nur die Farbe ist so wischiwaschi. Erst apricot, dann hellrosa. Was ist denn Pauls ... was?

Jörg: 'Pauls Himalayan Musk'. Ein Rambler mit Büscheln kleiner, rosa Blüten. Unglaublich duftend. Richtig stark wachsend. Der war in meiner Eiche locker sieben oder acht Meter hoch drin. Und gesund.

Jonas: Einmal blühend?

Jörg: Ja. Dafür aber mit hübschen Hagebutten.

Jonas: Ich mag ja die *Rosa glauca* so gern. In Trockengärten zusammen mit silberlaubigen Stauden sieht die toll aus.

'The Fairy'

'Ghislaine de Feligonde'

Jörg: Stimmt! Die ist herrlich! So schönes, bläuliches Laub!

Jonas: Oder *Rosa moyesii* ...
Jörg: ... 'Geranium'! Genau! Die ist super! Das Rot. Als wenn man sich ganz tief in den Finger geschnitten hat. Die wurde bei mir mal locker drei Meter hoch und sah umwerfend aus.

Jonas: Auch schöne, leuchtend orangerote Hagebutten hat die. Dann lass uns doch die fünf besten Rosen vorstellen.
Jörg: Ok. Weißt Du wie die bei Karl Foerster hinter dem Haus im Garten heißt? Die stand auf einem Hang. So eine gelbe, *pimpinellifolia*-ähnliche ...

Jonas: 'Frühlingsgold' heißt die. Ist wirklich ein *Rosa-pimpinellifolia*-Abkömmling und blüht sehr früh hellgelb.

Jörg: Die ist herrlich. Die ist mir immer aufgefallen, wenn ich in dem Garten von Foerster war.

Jonas: Welche nehmen wir jetzt raus? Wir haben schon sechs.
Jörg: Weiß nicht. Oder wir machen die Liste der neun besten Rosen. Auf alle Fälle fehlen uns die *Rosa rugosa*! 'Roseraie de l'Hay' und 'Blanc Double de Coubert'. Wegen des Duftes.

Jonas: Ich denk, Du magst keine Rosen?
Jörg: Mag ich auch nicht. Aber die sind wirklich einzigartig. Die 'Blanc Double de Coubert' habe ich im Sommer in einem Garten gesehen. So schön. Reinweiße, flach gefüllte Schalen vor sattgrünem, dunklen Laub. Und ein unglaublicher Duft! Wie bei *Rosa rugosa* 'Roseraie de l'Hay'.

Jonas: Ist die auch weiß?

Jörg: Ne, purpurrot. Blüht auch ewig. Immer und immer wieder. Aber vor allem der Duft: ganz stark und dabei kühlend. Genial!

Jonas: Kennst Du die Nelken-Rose? Die sollte auf alle Fälle auch zu den Top Five.
Jörg: Ne, kenn ich nicht. Wie sieht die denn aus?

Jonas: Rosa, gefüllt mit gefranstem Blütenrand, wie eine Nelke. Die heißt *Rosa rugosa* 'Pink Grootendorst'. Gibt's auch in Weiß. Sehr gesund und wird bis anderthalb Meter hoch.
Jörg: Toll. Die nehmen wir auch. Und 'Fritz Nobis'. Der muss auch zu den Top Five.

Jonas: Die. Die 'Fritz Nobis'. Nicht der 'Fritz Nobis'. Ist ja die Rose 'Fritz Nobis'.
Jörg: Jaja, schon klar. Auf alle Fälle habe ich die mal im freien Stand in einem Park gesehen und die sah großartig aus. Zwei Meter hoch, überhängend, gesund und mit gefüllten lachsrosa Blüten.

Jonas: Wenn die Leute nur nicht immer an den Rosen rumschnippeln würden.
Jörg: Oder wenigstens richtig und konsequent. Immer dieses halbhohe, mutlose Rumgeknipse.

Jonas: *Rosa hugonis* muss rein. Die gehört zu den Top Five! Unbedingt! Dieses Schwefelgelb ist einzigartig.
Jörg: Stimmt, die hatte ich mal in einen Vorgarten auf eine Mauer gepflanzt, auf der sie wunderbar mit überhängenden Trieben blühen konnte. Die war zur Blütezeit ein Highlight in der Straße. Sie ist nach fünf Jahren eingegangen, war nicht mehr zu sehen, um dann zwei Jahre später an gleicher Stelle wieder auszutreiben. Jetzt hat sie wieder ihre ursprüngliche Größe. Unerklärlich!

Jonas: Ich mag ja die 'Lykkefund' sehr. Ein robuster Rambler, weiß, halbgefüllt mit starkem Duft und, Achtung, fast ohne Stacheln!
Jörg: Echt? Toll, wenn ich da an meine *Rosa filipes* 'Kiftsgate' denke …

Jonas: Hat die solche Stacheln?
Jörg: Sie wird von mir nur „die Mörderrose" genannt. Sie wächst wie der Teufel. Fünfzehn, zwanzig Meter schafft die locker, weiße kleine Blüten, duftet gut und hat sogar Mini-Hagebutten. Aber diese Stacheln! Ich hatte die an mein Gartenhaus gepflanzt, das war dann nach ein paar Jahren gar nicht mehr zu sehen. Und dann musste ich an das Haus ran, weil das Dach undicht war. Ein Horror! Ich sah hinterher aus, als wenn ich in einen Schredder gefallen wäre. Aber die Rose ist toll!

Jonas: 'Marguerite Hilling' sollten wir noch mit reinnehmen in die Liste. Die habe ich hier in Berlin in einer Pflanzung am Spreebogen gesehen. Ganz toll. Der ganze Strauch zwei Meter hoch und über und über mit großen, ungefüllten, rosa Blüten bedeckt.
Jörg: Stimmt, die kenn' ich. Die ist wirklich schön. Ganz ähnlich ist 'Nevada'. Nur mit weißen Schalenblüten. Aber unbedingt noch *Rosa multiflora*.

Jonas: Das ist doch so eine Kleine, oder?
Jörg: Die Blütchen, ja, die sind klein. Aber ganz viele, in Rispen zusammengefasst. Der Strauch selbst wird locker drei Meter hoch und hat ganz dünne Zweige ohne Stacheln. Aber vor allem: Die blüht auch noch sehr gut im Halbschatten! Die kannst du im Frühling hübsch unterpflanzen mit Schneeglöckchen und Buschwindröschen und dann kommt später die Rosenblüte. Und sie hat sehr hübsche rote Hagebutten!

'Fritz Nobis'

'Geranium'

'Frühlingsgold'

Rosa glauca

'Blanc Double de Coubert'

'Pink Grootendorst'

'Pauls Himalayan Musk'

'Marguerite Hilling'

Rosa multiflora

'Goldfinch'

'Felicite et Perpetue'

Jonas: Die muss ich mal ausprobieren.

Jörg: Mensch, fast hätte ich 'Goldfinch' vergessen! Die ist zweimal im Garten, als Rambler und als Strauchrose. Einmal blühend, Unmengen von cremegelben kleinen Blüten, die dann weiß werden. Eine Bienenpflanze! Toller Duft und herrliche Hagebutten.

Jonas: Kennst Du 'Félicité et Perpétue'? Auch ein herrlicher Rambler für Pergolen. Die muss man ans Haus pflanzen, weil die weißen Blüten so fantastisch duften.

Jörg: Dann nehmen wir aber auch die 'Rose de Resht' mit in die Liste. Das ist der Duft! Und gesund ist sie auch. Die bekommst Du ja nicht kaputt. Außerdem haben wir dann auch eine Rose in so einem fetten Purpurrot in der Liste.

Jonas: Weißt Du, dass wir jetzt zwanzig tolle und unverzichtbare Rosen auf unserer Liste haben. Sollte das Kapitel nicht mal heißen „Drei Rosenempfehlungen, wenn Sie nun partout nicht auf Rosen verzichten wollen"?

Jörg: Das wird ein weiteres blödes Rosenbuch!

Jonas: Du warst doch hier der große Rosenfeind und zauberst jetzt eine tolle Rose nach der nächsten aus dem Hut. Ich denke, Du warst Dir sicher, dass Rosen doof sind und nur Mehltau haben?

Jörg: Weißt Du, was Ringelnatz mal gesagt hat: „Sicher ist, dass nichts sicher ist. Selbst das nicht."

Rosa hugonis

'Lykkefund'

'Kiftsgate'

'Rose de Resht'

Mein schwuler Spaten

Mein Spaten. Der einzig wahre Spaten auf der Welt. Die Mutter aller Spaten. Das Blatt und der untere Teil des Stiels sind aus Edelstahl, der obere Teil des Stils hat einen D-Griff und ist aus grünem Kunststoff (aus Plastik! Ein Schock für alle Menschen, die ihre Gartengeräte bei Manufactum kaufen. Gute Gartengeräte werden nämlich, das glauben zumindest die Manufactum-Kunden, stets von weisen Zwergen in einer Höhle im Thüringer Wald von Hand geschmiedet). Das Blatt meines Spatens ist klein und schmal. Es ist ein sogenannter Damenspaten. Er wurde in Wigan in der Grafschaft Greater Manchester von stolzen Arbeitern der Firma Bulldog zwischen zwei Teepausen hergestellt. Ich habe diesen Spaten seit fast dreißig Jahren. Damals hat der Spaten 250.- DM gekostet. Das war und ist eine Menge Geld für einen Spaten. Heute wird dieser Spaten nicht mehr hergestellt. Logisch, Dinge, die dreißig Jahre halten und immer noch nicht kaputt sind, sind im Kapitalismus überflüssig. Heute wäre dieser Spaten unbezahlbar. Angeblich verwahrt die Bank of England noch zwei Exemplare in ihren Tresoren auf. Sie sichern hier das Pfund Sterling gegen Währungsschwankungen ab.

Ich habe diesen Spaten zum ersten Mal bei Lothar Denkewitz in Hamburg-Langenhorn gesehen. Herr Denkewitz war Vorsitzender der Hamburger Staudenfreunde. Er war Hobbygärtner, Buchautor und Farnexperte. Außerdem war er noch Irisexperte, Heideexperte, Rhododendronexperte, Lilienexperte und überhaupt Experte für jede Pflanze.

Jedes Jahr im Mai war Tag der offenen Tür im Garten Denkewitz. Und da es dort seltene Pflanzen zu sehen geben sollte, bin ich hingefahren. Und wirklich, hatte ich bisher vom *Trillium*, der amerikanischen Waldlilie, nur raunen gehört, hier war der ganze Garten voll davon! Und die

Gefertigt von weisen Zwergen in einer Höhle im Thüringer Wald.

anwesenden Experten, nannten das *Trillium* ja nicht beim vollen Namen, sondern sprachen nur vom „Plenum" oder dem „Pusillum". Ich wusste nicht, dass überhaupt von *Trillium* die Rede war und dass *Plenum* und *Pusillum* die Bezeichnungen der Eingeweihten für das extrem seltene *Trillium grandiflorum* 'Plenum' und das winzige *Trillium pusillum* waren. Entsprechend ruhte mein damaliger Kennerblick immer auf den falschen Pflanzen. Nach dem verwirrenden und überwältigenden Gartenrundgang mit Herrn Denkewitz ging man in das Aufzuchtquartier, das hinten im Garten untergebracht war. Hier standen Farne und viele wunderbare kleine Bart-Iris, die Herr Denkewitz selbst gezüchtet hatte. Diese Pflanzen wurden von ihm gegen wenig Geld abgegeben. Zeigte jemand Begeisterung und Interesse, gab es noch jede Menge Zu- und Dreingaben. „Da, nimm ma mit! Aber nich zu trocken pflanzen!"

Geteilt und ausgegraben hat Herr Denkewitz seine Schätze mit einem kleinen, schmalen Edelstahlspaten mit Kunststoffgriff. Das ging Ruckzuck. Es sah so aus, als wenn der Spaten schon von alleine wüßte was zu tun ist und Herr Denkewitz ihm nur ein wenig zur Hand gehen müßte. Zack, schon wieder ein Farn geteilt und aus dem Boden gestochen. Mein ordinärer Spaten zu Hause hätte den Farn grob zermatscht. Dieser Spaten sezierte ihn in Windeseile in mundgerechte Stücke. Völlig mühelos. Ich frage Herrn Denkewitz nach diesem Wunderspaten und er erzählt mir alles Wesentliche. Über den guter Schwerpunkt des Spatens, seine unzerstörbaren Materialien, seine edle Abstammung und erwähnt auch den Preis. Egal, diesen Spaten muss ich haben.

Und jetzt habe ich ihn seit über dreißig Jahren. Wir haben uns zusammen bestimmt schon mehrfach durch die Erdkugel gegraben, haben zusammen geschwitzt und geflucht, haben bei Wind und Sonne, Schnee und Regen ausgegraben, umgegraben, versetzt, geteilt, zerlegt und wieder eingebuddelt. Sind auf Lehm und Sand gestoßen, auf Wurzeln, Steine und Stromkabel. Er ist dabei schmaler geworden, ich leider nicht. Sein grüner Kunststoff-Stiel ist etwas grau verfärbt im Laufe der Jahre. Außerdem hat er Scharten und Kratzer abbekommen. Mein Spaten zeigt Spuren der Arbeit, die ich mit ihm verrichtet habe. Es ist mein Spaten. Unverwechselbar und individuell.

Tauche ich auf einer neuen Baustelle mit meinem Spaten auf und arbeite mit neuen Kollegen zusammen, passiert eigentlich immer das Gleiche. Ein Kollege vom Garten- und Landschaftsbau entdeckt meine schmale, englische Edelstahlgrazie und dann kommt der Satz „Ey, wasn das fürn schwuler Spaten? Voll klein, ey!" Früher waren mein Spaten und ich genervt von diesem Blödsinn, heute können wir darüber lachen. Sie wissen es halt nicht besser. Und wenn sie am harten Lehmboden mit ihren großen Plattschaufeln verzweifeln, haben mein Spaten und ich schon die Lehmschicht tiefgründig aufgerissen, gelockert, zerkrümelt, das Pflanzloch fertig gemacht und alles wieder geglättet. Haben diese Ungläubigen meinen Spaten erst einmal in der Hand gehabt, ihn anerkennend gewogen und seine elegante Form bewundert, dann hat das Staunen kein Ende. Wo es denn den gäbe? werde ich gefragt. Ich erzähle ihnen dann eine lange Geschichte von weisen Zwergen in einer Höhle im Thüringer Wald. Die stellen so etwas her. Aber nur für den Gärtner, der ihre Frage nach *Plenum* und *Pusillum* zu beantworten weiß und sich dadurch als würdig erweist.

Da schweigen die Kollegen dann vor Ehrfurcht.

KONNICHIWA!

Ein Kollege erzählte mir kürzlich vom Bau eines Japanischen Gartens in Hamburg, bei dem er am Rande mitzuarbeiten hatte. Der Bau des eigentlichen Gartens, besonders das Setzen der Steine und Bäume, geschah durch japanische Gärtner unter Aufsicht eines Professors, der einmal im Monat aus Japan eingeflogen wurde, um alles zu beaufsichtigen. Bei einem dieser Besuche war der Professor wohl nicht ganz zufrieden mit den Steinsetzungen und rief den japanischen Vorarbeiter zu sich. Nach vielen Verbeugungen und einigen harschen Worten bekam der Vorarbeiter zwei Ohrfeigen vom Professor.

Mein Kollege, der Augenzeuge dieser Szene wurde, war verstört. Denn zum einen kennt das deutsche Arbeitsrecht solche Aufmunterungen nicht und zum anderen hatte er nicht verstanden, wieso man wegen ein paar Steinen so ein Theater machen kann.

Der Japaner versteht in seinem Garten keinen Spaß. Alles hat eine Bedeutung. Eine Anordnung von Steinen kann zum Beispiel bedeuten „Sieh die Spur des Kranichs im frisch gefallenen Schnee". Ändern wir unbedarften westlichen Gärtner nun auch nur einen einzigen Stein in seiner Lage, verändert das die Bedeutung in „Ich hacke Deinen Ebay-Account und vergifte Deinen Hund". Klar, dass es dafür Ohrfeigen gibt.

Der westliche Mensch hat häufig einen sehr holperigen Zugang zu Weisheit und Denkungsart des Fernen Ostens. Der Begriff Feng-Shui ist dafür ein gutes Beispiel. Feng-Shui kommt zwar nicht aus Japan, sondern aus China, aber das ist egal. Es ist alt, asiatisch, rätselhaft, hat etwas mit Energie zu tun und ist somit bestens geeignet, frustrierten Mitteleuropäern mit Sinndefizit als Krücke zu dienen. So kannte ich Gartenbesitzer, die hatten ein Grundstück, von dem man einen herrlichen

Blick in eine Landschaft voller Wiesen, Kopfweiden, Kiebitzen und weitem Horizont hatte. Eine Aussicht zum Sterben schön. Diese traumhafte Sicht hatte man allerdings vom Sitzplatz des Gartens nicht. Denn der lag tief abgesenkt zwischen einem Haufen Wackersteinen, die einen Drachen (Energie!) darstellen sollten, und dem Kompost (noch mehr Energie!!).

Die einzig mögliche Blickrichtung von hier war entweder der Kompost oder die untere Hälfte von Nachbars Drahtzaun. Diese eigentümliche Anordnung war auf Befehl eines Feng-Shui-Meisters entstanden und sollte für Glück, Reichtum und langes Leben sorgen. Vielleicht sollte ich erwähnen, dass der Feng-Shui-Meister, der hier gewirkt hatte, kein Asiate war. Er hatte sein seltsames Tun auf einem Feng-Shui-Wochenendkursus hier in Norddeutschland gelernt und war eigentlich Gas- und Wasserinstallateur.

Ganz im Sinne der fernöstlichen Gelassenheit verlief hingegen die Planung eines Japanischen Gartens durch einen völlig überforderten Garten- und-Landschaftsbau-Betrieb in meiner Nachbarschaft. Die vom Kunden gewünschten sechs Elemente des japanischen Gartens deutscher Lesart, 1. Ahorn, 2. Steinbrücke, 3. Steinlampe, 4. Kiesfluss, 5. Kiefer, 6. Bambus, wurden einfach je einer Seite eines Spielwürfels zugeordnet. Ein Mitarbeiter tippte auf eine Stelle im Gartenplan, ein anderer würfelte und ermittelte so, wo Kiefer, Ahorn und Steinlampe platziert werden sollten. Kanpai und fertig! Der Kunde war übrigens sehr angetan von der typischen asiatischen Ruhe, die das Ganze ausstrahlte, denn selten wurde ein Japanischer Garten in Deutschland so direkt vom Karma beeinflusst.

In ländlichen Regionen gehört ein Gemüsegarten hinter dem Haus bis heute zur Tradition.

Von wegen nur Grün in Grün: Japaner lassen es in den „Flower Gardens" gerne farblich krachen. Typisch sind dort große, nur mit einer Art bepflanzte Flächen.

JAPANISCHE GÄRTEN IN JAPAN

Sieht man vom Mediterranen Garten ab, dann ist wohl kaum ein Garten-Klischee so stark ausgeprägt wie das vom Asiatischen. Nicht wenige träumen davon, die Fläche rund um ihr Haus in Klein-China oder Japan en miniature zu verwandeln. Wie das auszusehen hat, macht uns jedes größere Gartencenter vor: Bambus, rotlaubiger Schlitz-Ahorn, dekorative Steine und eine Gartenlaterne aus Granit. In der Luxusversion zählen noch ein Mond-Tor, Zierkirschen, eine rot angestrichene Holzpagode und ein Koi-Teich dazu. Und wer es etwas moderner und sachlicher mag, der pflanzt einen Großbonsai in eine große Kiesfläche. Doch sehen Gärten dort wirklich so aus? Ich setze mich in ein Flugzeug und fliege Ende Oktober – auch in Erwartung einer tollen Herbstfärbung – nach Tokio.

Enttäuschender Auftakt

Herbstfärbung ist in Tokio erst einen Monat später, erklärt man mir. Und für Kyoto wäre Anfang Dezember optimal. Na gut, dann halt Japan in Grün (im Verlauf der Reise merke ich, dass es hier noch nicht einmal die dauerhaft roten „Blut-Ahorne" aus dem deutschen Gartencenter gibt). In den dicht bebauten Städten finden sich große Parkanlagen, die Ähnlichkeit mit dem Central Park von New York haben: ausgedehnte Rasenflächen, kleine Seen, große Bäume, picknickende Menschen und im Hintergrund die Hochhauskulisse. Vor allem histo-rische Gebäude und Teehäuser sorgen für einen gewissen Unterschied. Erst auf den zweiten Blick fallen die Dominanz von Kiefern, Kirschen und Kampferbäumen auf. Am Boden wachsen immergrüne Schwertlilien (Iris japonica), Lilien-traube (Liriope) und Schlangenbart (Ophiopogon). Und dann gibt es noch O-Karikomi – auf dem Boden liegende „Wolken". Oft handelt es sich dabei um Azaleen, die durch regelmäßigen Schnitt geformt werden. In kleinen Parkanlagen und öffentlichen Gärten findet man statt Rasen häufiger Moos-flächen. Doch die sind aufwendig zu pflegen. Immer wieder kommen irgendwo Gräser oder sonstige Sämlinge auf, die entfernt werden müssen. Und im Herbst muss herabfallendes Laub vorsichtig beseitigt werden – Moos mag weder Schatten noch Tritte. Vielleicht sollten japanische Moosgärtner mal in einen Erfahrungsaustausch mit deutschen Rasenliebhabern treten, die alles dafür tun würden, dass Moos bei ihnen nicht mehr wächst ...

Vor allem in den Seitenstraßen trifft man immer wieder auf „Vorgärten", die aus unzähligen, mit Stauden und Gehölzen bepflanzten Schalen und Kübeln bestehen.

2D-Grün und Schnibbel-Kunst

Als Straßenbaum dominiert der Ginkgo-Baum, der selbst in großer Höhe jährlich beschnitten wird und über die Jahre eine immer komischere Form erhält. Die schmalen Nebenstraßen sind dagegen oft dunkel und grau, gäbe es nicht hin und wieder Anwohner, die zumindest die untere Etage ihrer Fassade mit Topfgärten begrünen. In den Kübeln wachsen kleine Gehölze, Kletterpflanzen, Stauden, Gräser und gräserartige Stauden. Darunter befinden sich höchst eigentümliche Auslesen mit panaschierten oder gepunkteten Blättern, die man in Europa vermutlich als kränkelnd aussortiert hätte. Der linienhafte Vorgarten ist ein pflanzliches Motiv, welches man auch in ländlichen Gegenden Japans immer wieder antrifft. Denn: Das bebaubare bzw. landwirtschaftlich nutzbare Land ist

rar, private Gärten daher eher klein. Vor der Hausfront befindet sich eine Ansammlung von Zierpflanzen. Nicht selten stehen hier dicht an dicht Niwakis, also das, was wir in Deutschland salopp als „Großbonsai" bezeichnen. Vor allem in den traditionelleren Dörfern kann man hinter den Häusern kleine Gemüse- und Schnittblumengärten entdecken. Hier findet man auch denn die japanische Blume schlechthin: die Chrysantheme. Andere Pflanzen, die wir mit Ostasien verbinden, sind in den Gärten eher selten anzutreffen. Bambus, der quasi den gesamten Waldboden auf Japans Hauptinsel Honshu bedeckt, ist vermutlich zu gewöhnlich. Auch das Chinaschilf, das entlang jeder Autobahn verwildert wächst, findet sich nur hin und wieder im Garten.

Chrysanthemen
sind in Japan ein
großes Thema. Neben
den bekannten
Busch-Chrysanthemen
gibt es auch ein-
triebige Sorten mit
Riesenblüten. Ein
beliebter Begleiter
ist das Japangras.

Auch im Land der aufgehenden Sonne kommt man nicht ohne Hecken aus. Mehrstufige
Arrangements lassen sie nicht ganz so massiv aussehen.

Japanischer Kiesgarten mal anders: Die Mondschauplattform im Garten des Silbernen Pavillons (Ginkaku-ji).

Kiefern sind den Japanern heilig. Durch jahrelanges Formen (biegen und kürzen der Zweige und Entnadeln, mehrmals im Jahr) lassen sie sich zur Höchstform entwickeln.

3D-Kies und eine Erkenntnis

Zum Abschluss der Reise besuche ich die ehemalige Hauptstadt Kyoto, in der man sich eine Woche aufhalten könnte und es trotzdem nicht schaffen würde, alle Gärten zu besuchen. Erwartungen an typisch japanische Gärten erfüllen sich vor allem im Kinkaku-ji und Ryoan-ji. Ein besonderes Erlebnis ist jedoch der Ginkaku-ji. Teils meterhoch türmen sich hier die Kieskegel und -wellen auf. Und derart perfekt geometrisch modelliert, dass man vor Staunen fast vergisst, den Rest des Gartens zu besichtigen.

Ostasiatischer Gartenzwerg: Die Tanuki-Figur (Marderhund) soll Reichtum bringen.

Ein Gartenerlebnis möchte ich Ihnen aber nicht vorenthalten: In der Bucht von Matsushima besuche ich den Entsu-in, eine kleine, aber sehr gut gepflegte Tempel-Anlage. Sie geht auf zwei Fürsten aus der angesehenen Daimyo-Dynastie der Tohoku-Region zurück. Date Masamune und sein Sohn Tadamune waren für ihre Zeit – den Beginn des 17. Jahrhunderts – ungewöhnlich weltlich orientiert und pflegten sogar den Kontakt zum Papst, was letztlich ihr Verhängnis werden sollte.

Im Zentrum der Anlage befindet sich als Reminiszenz ihrer Orientierung ein Rosengarten – nach „klassischer europäischer" Vorstellung gevierteilt und mit kniehohen Hecken eingefasst. Trotz der gestalterischen Absichten erscheint mir der Garten japanisch, zu sehr sind das ganze Umfeld und die Stimmung asiatisch. Vermutlich käme ich auch nie auf die Idee in einem „europäischen Garten" zu stehen, würde mich das Hinweisschild nicht darauf aufmerksam machen.

Der Rosengarten
im Entsu-in.

First CUT
is the deepest

„Die schneidet mein Mann." Wieso muss dieser Satz für so viele Gehölze das Verderben bedeuten? Ob Rasen oder Holz: Schnitt ist Männersache. Im Garten gilt noch eine sehr archaische Arbeitsteilung. Dabei sind Frauen für das Schöne zuständig. Farben, Formen, Pflänzchen. Männer hingegen für grobes Mithelfen: Krawall, Qualm und Technik. Das können wir. Da sind wir seit der Zeit des Wollnashorns unschlagbar. Das beherrschen wir ganz ohne schlaue Ratschläge und Klugscheißereien von anderen. Das haben wir im Gefühl. Deshalb schneiden wir Felsenbirne, Magnolie und Zaubernuss zu borstigen Besen in dem vergeblichen Bemühen, sie klein zu halten. Wir rasieren einen bereits abgestorbenen Bambus auf Kopfhöhe halbrund. Wir säbeln der Forsythie sicherheitshalber die Knospen schon vor der Blüte ab. Wir kappen Fichten reihenweise in vier Metern Höhe, sodass das Ergebnis aussieht, wie die Absturzschneise eines Airbus. Aber warum?

Das Merkwürdigste an dieser besonderen Art von Baumfrevel ist die Tatsache, dass Mann hier noch nicht einmal fröhlich vor sich hin randaliert, sondern höchst verbissen und schlecht gelaunt. Ich kenne viele Beispiele von offensichtlich lustlosem Zerstören. Der Baum müsse ja mal wieder klein gehalten werden, heißt es. Dabei muss er meist gar nicht. Wie viel glücklicher und schöner wäre die Welt, wenn Mann nur dann Gehölze schneiden würde, wenn es wirklich notwendig wäre.

Wenn Sie jedes Jahr an einem Gehölz schneiden müssen, damit es nicht die Terrasse verschattet oder den Weg versperrt, dann nützt Schneiden nichts. Gar nichts. Das ist vergebliche Arbeit. Solch ein Baum oder Strauch gehört dann eben nicht an diese Stelle. Eine Felsenbirne wird fünf Meter hoch und fünf Meter breit. Jährliches Beschimpfen des Baumes und Beschneiden auf einsfuffzig ist keine Lösung. So zusammengeschnitten ist es keine Felsenbirne mehr, sondern lediglich die bemitleidenswerte Karikatur einer Felsenbirne. In diesem Fall greift man nicht zur Schere, sondern zum Spaten und gräbt den Baum aus. Dann ärgert man sich einmal und schwört sich, beim nächsten Mal besser vorher etwas über die Endgröße von Gehölzen zu lesen.

Machen wir aber nicht. Es gibt Plastiketiketten an den Sträuchern. Darauf kann man lesen, dass dieses unscheinbare kleine Gewächs, das momentan etwas kleiner ist als das daran baumelnde bunte Plastikschild, bis achtzehn Meter hoch werden kann. Solche Hinweise kann man zwar lesen, dann aber getrost als lebensfremdes Expertenwissen ignorieren.

Das Märchen, eine in fünf Meter Höhe gekappte Reihe von Serbischen Fichten entspräche dem natürlichen Wuchsverhalten dieses Baumes ist wohl nicht aus der Welt zu schaffen. Es ist ebenso Unfug, den Zustand von Bäumen, die aussehen, als hätten sie in der Anflugschneise eines Flughafens gestanden, mit sortentypischen Eigenarten zu erklären. Es gibt keine *Picea omorika* 'Heathrow'.

Gut geschnittene Gehölze sind nicht nur für den Gartenbesitzer eine Augenweide, sondern auch für die Nachbarschaft.

Zum Beispiel in diesem Vorgarten. Auf einem Erdstreifen von einem Meter Breite und fünf Metern Länge, begrenzt durch einen Gehweg auf der einen Seite und durch die Hausmauer mit dem Küchenfenster auf der anderen, stehen drei (!) frisch gepflanzte *Magnolia x soulangiana*. Endgröße sechs oder gar acht Meter. Ich mache die stolzen Eigentümer darauf aufmerksam, dass dieser Raum kaum für einen Ast einer ausgewachsenen Magnolie reicht. Das Erstaunen kann nicht größer sein. Wie, die wachsen? Kann man ja nicht ahnen, dass solche Bäume höher werden als das Fenstersims und breiter als einen Meter.

Und wenn man nun doch mal was schneiden muss? Dann nimmt man zumindest vernünftiges Werkzeug: eine Rosenschere aus der Schweiz. Eine kleine, scharfe Klappsäge und eine große Astsäge. Und einen stabilen Astschneider. Das kauft man einmal richtig im Gartenbedarf und nicht beim Discounter an der Grabbel-Kasse.

Wann man nun genau welches Gehölz wie schneidet, dafür gibt es Fachbücher (sehr gut, weil praxisnah: „Alles über Gehölzschnitt" von Helmut Pirc, Ulmer Verlag). In diesen Büchern zeigen kleine Striche die Schnittstellen an den Gehölzen an. Vorher. Nachher. Vorher, im Buch, ist völlig klar, wo der Schnitt zu verlaufen hat. Nachher, im Garten, sieht der zu schneidende Strauch aber ganz anders aus als im Buch. Das ist ernüchternd. Trotzdem, solche Bücher sind hilfreich.

Schön wäre es natürlich, wenn man als Gartenbesitzer einfach beim Gärtner anrufen und ihn um Hilfe bitten könnte. Dann kommt der Gärtner, schaut sich lange um und sagt dann mit fester, aber sanfter Stimme: „Ich möchte den Habitus ihres *Cornus*

controversa besser zur Geltung bringen. Außerdem leidet er an Manganmangel." Ja, in diesem Moment meint der Kunde ein helles, wunderbares Licht zu sehen und fällt vor Verzückung auf die Knie.

Stattdessen aber kommt die Firma „Ruckzuck Haus- und Gartenservice" mit Fachkräften, die früh morgens noch Treppenhäuser geschrubbt haben. Und deren Chef sagt dann mit fester Stimme: „Ne, kein Problem. Wir machen hier erst mal richtig Luft und dann sehen wir mal zu, dass wir das mal wieder schön sauber bekommen." Nach so einem Durchgang hat ein *Cornus controversa* in der Regel andere Probleme als Manganmangel.

Aus diesem Wirkungskreis entstammt das Wort „Hausmeisterschnitt". Das bedeutet, dass alles, was nicht weglaufen kann, einem Universalschnitt unterzogen wird. Meist halbrund in Kopfhöhe. Halbrund Rose. Halbrund Weigelie. Halbrund Felsenbirne. Halbrund Bambus. Wenn die Opfer solcher Halbrund-Massaker dann im Garten nebeneinanderstehen, weiß man immer, wie groß der Gärtner war, der das geschnitten hat.

Seltsamerweise wird diese professionelle, meist alle zwei Jahre durchgeführte Verstümmelung des Garteninventars von vielen Kunden wohlwollend kommentiert: „Das war mal wieder nötig", sagt die Kundin nachdem der Garten ruiniert wurde. Ihr Gatte verschränkt die Hände auf dem Rücken, beugt sich zurück, nickt anerkennend und ergänzt fachmännisch „Das hat aber mal wieder richtig Luft gegeben." Ja, wir hören die Sträucher und Bäume richtig aufatmen. Ahhh, endlich keine störende Krone mehr, keine lästige Verzweigung oder natürliche Wuchsform. Herrlich, einer sieht aus wie der andere und der Anarchie wurde Einhalt geboten.

Die ultimative Lösung vieler Schnittprobleme habe ich neulich in einem Garten gesehen. Das von einem Gärtner gerade eben eingesetzte Gehölz war tot. Mausetot. Dadurch war es extrem pflegeleicht. Kein doofes Laub. Kein Schatten. Kein lästiges Schneiden. Die Kunden waren endlich glücklich und haben den Baum hübsch geschmückt.

Selbst der dümmste Ahorn schafft noch ein wenig asiatische Atmosphäre. Wenn nicht, dann nimmt man eben drei.

Nur weil ein Gehölz seit Jahren tot ist, so wie der Bambus am linken Bildrand, besteht kein Grund es nicht jährlich nochmal zu schneiden. Sicher ist sicher.

ENDLICH:

Der Steingarten der sieben Jahreszeiten.

Der Vorfrühlings-Steingarten

Der Frühlings-Steingarten

Der Frühsommer im Steingarten

Der Steingarten der Sommersaison

Der Bundesverband Garten-und Landschaftsbau hat es sich zu seiner ehrenvollen Aufgabe gemacht, das Werk Karl Foersters in eine zeitgenössische und moderne Form zu übertragen. Neben den neuen Kapiteln „Kleinpflaster aus aller Welt", „Es wird durchgepflastert: der Lauenburger Klinker", „Ferien vom Bewuchs: Folie und Schüttgut", „Gabionen im Spiel der Jahreszeiten" gibt es auch immer noch einen Pflanzenteil im Anhang des Buches. Hier werden die wichtigsten Unkräuter und ihre Bekämpfung vorgestellt. Denn nach wie vor gilt Karl Foersters Motto: Wer an einer früher flachen Gartenstelle einen Steingarten einrichtet, staunt, welche Schönheitswelt er da geweckt hat.

Der Herbst-Steingarten

Spätherbst im Steingarten

Der winterblühende Steingarten

SCHOTTER
ohne Ende.

Momentan scheint ganz Deutschland wild darauf zu sein, seinen Vorgarten, also die Fläche vor dem Haus, die aus Zuwegung, befahrbarer Pflasterung und Begleitgrün besteht, in eine Fläche aus Zuwegung, befahrbarer Pflasterung und Schotter zu verwandeln. Es geht also um die Metamorphose von Begleitgrün in Schotter. Oder Kies. Unter dem Kies oder dem Schotter liegt meist ein Vlies oder eine Folie.

Die Umwandlung in eine komplett mineralische Ausgestaltung des Vorgartens wird landesweit mit dem Hinweis auf die Pflegeleichtigkeit vorangetrieben. Nie wieder Unkraut, nie wieder Rasen mähen, nie wieder irgendwas. Eine Fläche wird komplett entsorgt. Und das im wortwörtlichen Sinn, denn man muss sich jetzt um diese Fläche keine Sorgen mehr machen. Man hat nun den Kopf frei für andere Dinge und kann sein knappes Budget an freier Zeit besser verwenden.

Die Zahl der Gegner dieser geschotterten Vorgärten ist groß und lautstark. „Entsteint euch", ruft uns eine große Staudengärtnerei zu. Sonst droht uns der Verlust an Kultur, an Lebenslust, an Schönheit und biologisch wertvollen Räumen für Spitzmaus, Igel und den Hauhechelbläuling. Der versteinerte Vorgarten, so fasse ich kurz und vorschnell die Argumentationskette der Schottergärten-Gegner

zusammen, führt am Ende zu versteinerten Herzen und damit zur versteinerten Gesellschaft. Schluss mit Achtsamkeit.

Einige der Menschen, die ihren Vorgarten geschottert haben, sind stolz darauf und haben diese Arbeit im Internet dokumentiert. Manchmal wurde diese Dokumentation auch von den ausführenden Betrieben des Garten- und Landschaftsbaues erstellt und dann auf der Homepage des Betriebes zur Ansicht gebracht. Vorher – Nachher. Mein Problem mit diesen Bildern ist, dass ich gar keinen Unterschied feststellen kann. Vorher Scheiße und hinterher auch Scheiße. Einen großen Verlust an Lebensfreude und wertvollem Biotop für Spitzmaus, Igel und Blauhechelbläuling habe ich nie irgendwo feststellen können. Da wurden ja keine Vorgärten geschottert, die vorher vor bunten Blüten, saftigen Früchten und anderen sinnlichen Erscheinungen des Lebens überschäumten oder der Heckenbraunelle eine letzte Zuflucht boten. Verbrannter Rasen und struppiges Grün wurden hier ersetzt durch öden Schotter. Das eine ist aber fast ebenso entsetzlich wie das andere.

Fast, denn der gesteinigte Garten hat tatsächlich einen Einfluss auf das Kleinklima in den Städten. Er heizt sich stärker auf als eine wie auch immer gestaltete Grünfläche und bindet keinen Feinstaub.

*Auch ein kleiner
Garten ist eine
endlose Aufgabe.*

Karl Foerster

Trotzdem habe ich mit der wohlmeinenden Empörung über den Schottergarten Probleme. Ich halte es nicht für ausreichend, die Besitzer und Erbauer dieser Hässlichkeit der Kultur- und Lieblosigkeit zu bezichtigen. Denn das Entstehen von Tausenden von Schottergärten zur gleichen Zeit kann ja wohl nicht mehr allein mit charakterlichen Defiziten des Einzelnen erklärt werden, sondern muss tiefere Ursachen in unserer Gesellschaft haben. Und die gilt es zu ergründen.

Zunächst einmal halte ich den Schottergarten für ein temporäres Ereignis, das sich recht schnell von alleine erledigen wird. Denn der Keim seines Niederganges ist schon in dem allem zugrunde liegenden Versprechen angelegt, dieser Quatsch wäre pflegeleicht. Mitnichten, liebe Schotterbürger! Das Leben wird siegen und so wird der Wind stetig (auch jetzt gerade in diesem Moment!) feinste Spuren von Humus zwischen eure öden Steine wehen. Und nach ein paar Jahren ist die Humusschicht zwischen den Steinen auf dem jetzt völlig sinnlosen Vlies hoch genug, damit der erste Löwenzahn, die kleine Quecke oder die erste Miere keimen kann. Habt ihr denn wirklich geglaubt, mit einem lächerlichen Vlies und einer dünnen Schicht Steinchen Pflanzen stoppen zu können, die schon Millionen Jahre an erfolgreichem Existenzkampf hinter sich gebracht haben? So, und nun seht mal zu, wie ihr dieses Grün aus dem Schotter wieder herausbekommt. Grubber und Hacke geht ja nicht, denn da ist das Vlies im Weg und die Steine sind ja auch viel zu groß. Quält euch ruhig noch ein paar Jahre, versucht es auch gerne mit Flamme und Chemie, aber es wird nichts nützen. Ihr könnt den ganzen Murks abreißen lassen und noch mal richtig anfangen. Geht dann aber nicht wieder zu dem tollen Garten- und Landschaftsbau-Betrieb, der euch diesen Blödsinn empfohlen und gebaut hat.

Welcher gesellschaftliche Trend die Mode mit dem Schotter an die Oberfläche gespült hat, kann ich nur vermuten. Neben Pflegeleichtigkeit wird auch häufig Ordnungssinn als Motiv für das Schottern unterstellt. Das glaube ich eher nicht, denn Pflegeleichtigkeit und Ordnungssinn sind Kinder unterschiedlicher Zeitalter. Ordnungssinn reagiert auf Druck einer Gesellschaft, die eindeutige Normen hat. Es war gesellschaftlicher Druck, bekannt als der Satz „Was sollen denn die Nachbarn dazu sagen!", der die Gärten meiner Kindheit alle gleich penibel aussehen ließ. Wer da abwich vom goldenen Weg der Sauberkeit, hatte mit Repressalien zu rechnen. Pflegeleichtigkeit wäre in der Straße meiner Kindheit mit Faulheit übersetzt worden. Alle haben am Samstagnachmittag im Garten gearbeitet und die Wege gefegt. Dieser gesellschaftliche Druck und seine allgemein anerkannten Normen haben heute weitgehend ihre Kraft verloren. Die Postmoderne lässt ein recht buntes Nebeneinander der unterschiedlichen Gartenstile in einer Straße zu. Hier ein bisschen öko, dann ein Bild von Verwahrlosung, dann kommt Schotter, dann kommt belanglos-ungeliebt, dann Anklänge an Asien, dann blumig-bunt. Alles geht und alles ist machbar.

Die Forderung nach Pflegeleichtigkeit hingegen ist nichts, was von einer kontrollierenden Nachbarschaft gefordert wird, sondern ein Mittel zum persönlichen Zeitgewinn. Wir haben keine Zeit, wir haben viel zu tun und das bedeutet, wir müssen mit unserer Zeit gut haushalten und sie ökonomisch einsetzen. Da nervt ein Vorgarten mit Rasen und Unkraut und endloser Arbeit nur. Der Schottergarten beendet diese Baustelle im knappen Zeitbudget. Abgehakt auf der langen To-do-Liste des modernen Lebens.

Was viele Kritiker des Schottergartens nicht verstehen, sind die grundsätzlich veränderten Ansprüche an den Garten, die heute formuliert werden. Das Schlagwort vom verlängerten Wohnzimmer und vom Erlebnisraum Garten weisen dem Garten heute eine viel geringere Bedeutung als Raum für Pflanzen zu, als wir uns das vielleicht wünschen. Lounge, Bar und Outdoor-Küche sind die Dinge, die heute mehr und mehr Pflanzen im Garten ersetzen. Gibt es dann noch Raum auf dem Grundstück, der nicht als Lounge oder Grillplatz Genuss verspricht, sondern Zeit durch Pflege beansprucht, wird er entsorgt. Das heißt, er wird geschottert, denn mehr Schottern heißt mehr Zeit für Lounge.

Rund zehn Prozent des Umsatzes machen deutsche Garten- und Landschaftsbau-Betriebe mit Grün. Zehn Prozent. Grün bedeutet aber nicht nur hübsche Blümchen, sondern umfasst auch Rollrasen, Thuja-Hecken, Kirschlorbeer und die Pflege all dieser Kostbarkeiten. Der Berufszweig, den wir gemeinhin als Gärtner bezeichnen, verdient neunzig Prozent seines Einkommens mit Holz, Stein, Folie, Beton und Stahl. Würde man einen Landschafter fragen, ob er lieber fünftausend Euro mit Stauden verdienen möchte oder mit der Lieferung einer Outdoor-Küche, wird die Antwort schnell und eindeutig sein. Bei der Outdoor-Küche gibt es keinen Stress. Liefern, aufstellen, Freude haben. Geld bekommen. Bei Pflanzen kann

nichts garantiert werden. Vielleicht geht was ein, vielleicht hat es nicht die Farbe wie gedacht, ist zu klein, zu groß, wächst zu schnell oder wächst gar nicht. Endlos muss erklärt und der Kunde beruhigt werden. Und immer muss Vertrauen in die Arbeit und das Können des Gärtners gesetzt werden. Die ökonomisierte Welt hingegen kennt lediglich Garantien und einklagbare Tatbestände. Das klappt bestens mit der Outdoor-Küche. Pflanzen aber stellen sich quer.

Das alles gefällt mir nicht und ich wünschte, es wäre anders. Aber dafür bräuchte man nicht nur andere Gartenbesitzer und andere Gärtner, sondern eine andere, bessere Gesellschaft.

Dass man mit Splitt und kleinen Kieseln auch etwas Sinnvolles machen kann, zeigt der Kiesgarten von Beth Chatto in Elmstead Market, England. Er beherbergt viele trockenheitsliebende Pflanzen, die mit ihrem graugrünen Laub auch außerhalb der Blütezeiten einen belebenden Kontrast zum grünen Rahmen des restlichen Gartens bieten.

SILBERSOMMER DRIVE-IN

Ich hatte neulich das Vergnügen, meine Heimatstadt Hamburg in Richtung Süden zu verlassen. Dafür habe ich das Auto benutzt und die Autobahn A1. Weil noch mehr Menschen diese Idee hatten, stand ich vor den Elbbrücken eine Stunde im Stau. Es war sehr heiß an diesem Tag. Ich erwähne das, weil ich kurzzeitig an eine Sinnestäuschung infolge von Überhitzung geglaubt habe. Denn vom Mittelstreifen der A1 winkten Gaura lindheimerii zum Seitenfenster hinein. Außerdem sah ich *Perovskia*, *Aster linosyris* und *Festuca mairei*. Unglaublich: Silbersommer auf dem Mittelstreifen!

25.000 Stauden in einer Betonwanne von zwei Metern Breite und einem Kilometer Länge. Eine umwerfende Idee für 260.000 Euro. So günstig und praktisch noch dazu, denn der zuständige Mitarbeiter vom Fachamt „Management des öffentlichen Raums" des Bezirksamtes sagt, dass diese Pracht gepflanzt wurde, um den Pflegeaufwand auf einen einzigen jährlichen Rückschnitttermin zu reduzieren und Unkräuter fernzuhalten. Dieser Wunsch wurde anscheinend nicht ausreichend mit der heimischen Flora kommuniziert (um in der Sprache des Managements zu bleiben),

denn *Reseda luteola*, Weidensämlinge und *Calamagrostis epigejos* belebten schon ein Jahr nach der Pflanzung recht eindringlich das silbersommerige Bild. Nun werden wir die Pflege doch etwas intensivieren müssen. Deshalb mein Tipp: Besuchen Sie die Staudenpflanzung an der A1 während der Pflegetage. Kommen Sie zum Jahrestreffen der Stress-Strategen! Stresstolerante Stauden treffen auf eine Pflegekolonne, die in Abgasen, Lärm, Hitze und Enge krauten muss. Und Sie sind dabei! Denn dank einer Fahrbahnsperrung haben Sie jetzt ausreichend Zeit, sich Silbersommer vom Auto aus mindestens eine Stunde anzusehen. Nutzen Sie die Gelegenheit, um den Pflegegärtnern Fragen zu stellen oder sie aufzumuntern. Sie könnten zum Beispiel sagen: „Sie haben aber einen schönen Beruf. Immer an der frischen Luft." Erst wenn ihr Motor kocht und der Asphalt flirrt, werden Sie hautnah erfahren, zu welch unglaublichen Überlebensleistungen Sedum und Gärtner fähig sind. Und zu welchen unglaublichen Ideen deutsche Grünflächenämter.

P.S.: Gute Nachrichten: Der zweite Bauabschnitt mit weiteren fünfeinhalb Kilometern Silbersommer wird vorbereitet. Klasse!

Die Staudenmischung „Silbersommer" ist ein sicheres Mittel zur Entschleunigung in einer immer rasenderen Gesellschaft.

Hamburger Stadtgrün: Eine schicke Kombination aus Ackerkratzdistel, Winde und Solitärrosen. Perfekt wäre diese Pflanzung wenn der Planer dieser traumhaften Mischung auch die Pflege machen müsste und nicht die bedauernswerten Pflegegärtner.

SILBERSOMMER-DRIVE-IN 2:

Die neuesten Stauden-Mischpflanzungen

Neben den Staudenmischungen Silbersommer, Sommerwind, Präriesommer, Blütenmosaik, Blütenzauber, Blütenserenade, Blütenwucht und Indianersommer und vielen, vielen anderen, die von den Hochschulen Veitshöchheim, im Schau- und Sichtungsgarten Weinheim, an der FH Bernburg und im schweizerischen Wädenswil entwickelt wurden, drängen weitere Misch- pflanzungen auf den Markt. Neu und innovativ fanden wir diese vier:

Verspielter Mix aus *Calamagrostis epigejos* und *Solidago canadensis*. Entwickelt von der TU Bad Bramsche. Extrem pflegeleicht, allerdings auch schwer von der umgebenden Ruderalbepflanzung zu unterscheiden.

Harnstoffaffiner Mix aus Stressstrategen für Love-Parade, türkische Grillfeste und Hundespiel- plätze. Entwicklung der FU Neukölln, Fachbereich Flächenversiegelung.

Eine beliebte Mischung, die nicht an einer Hoch- schule entstand, sondern durch die begeisterte Forschung der Schüler des Oberstufen-Kunst- kurses an der Timothy-Leary Gesamtschule in Hamburg-Altona. Die exotische Mischung aus einjährigen Pflanzen wie *Papaver somniferum*, *Datura* (Stechapfel) und *Cannabis sativum* gehört nicht zu den pflegeleichten Mischungen, erfreut aber gerade im innerstädtischen Bereich die Passanten. Anzumerken ist die geringe Attraktivität der Pflanzung im Winter.

Die erste Staudenmischpflanzung für den Grund des Gartenteiches. Belebende Kontraste entstehen durch die differente Sauerstoffabgabe: von fein-perlig bis blubbernd.

BAUM*Schutz*
in Deutschland

Abgelehnt! Die von uns vorgeschlagene Stink-esche (*Euodia hupehensis*) ist als Ersatzpflanzung abgelehnt. Denn sie ist nicht einheimisch, sagt das Amt. Das sind aber die beiden Scheinzypressen, die wir fällen möchten auch nicht. Macht nichts, sagt das Amt, Fällgenehmigungen gibt's nur, wenn an die Stelle des alten Baumes ein einheimischer Baum bestimmter Größe nachgepflanzt wird. Ja, dann machen wir die Stinkesche doch zur ein-heimischen Pflanze! Wir nehmen sie auf, geben ihr Wasser, sie lernt die deutsche Sprache, erfreut sich und uns eines guten Lebens und ernährt dann auch noch unsere Bienen. Was für ein Deal!

Nix da, sagt das Amt, einheimisch bedeutet ein-heimisch, also irgendwie aus Deutschland. Ganz nebenbei, wir haben es hier mit der Umwelt-abteilung zu tun, nicht mit der Ausländerbehörde. Ich dürfte zum Beispiel gerne eine einheimische Zirbel-Kiefer (*Pinus cembra*) pflanzen. Die kommt zwar aus den montanen und subalpinen Höhenla-gen der Alpen und ist hier in Hamburg-Blankenese so heimisch wie eine Gams im Wattenmeer. Das ist aber egal, Hauptsache die Pflanze orientiert sich an den staatlichen Grenzen der Bundesrepublik Deutschland. Denn es geht der Behörde ja um die Stärkung der einheimischen Flora. Diese segens-reiche Aufgabe überträgt man gern dem privaten Gartenbesitzer. Der bekommt vom Amt die ehren-volle Aufgabe, mit der einheimische Flora -und Fauna auch die Welt zu retten. Da gucken wir dann schon mal genauer hin. Dass im Hamburger Umland jedes Jahr ungebremst gigantische Flächen ehemaliger Knicklandschaften für Möbelmärkte, Industrieparks und Distributionszentren geopfert werden, ist dagegen von Amts wegen zu vernach-lässigen. Peanuts. Und außerdem haben viele dieser Riesengebäude ganz tolle Gründächer und tun damit was für den Erhalt des gefährdeten Feldhasen.

Baumschutz klingt erst einmal gut und vernünftig. Bäume sollten vor willkürlichem Umholzen dring-end geschützt werden.

Dass mir die Behörde die Stinkesche abgelehnt hat, ist eigentlich kein Problem. Auch die anschließende Kontrolle fürchte ich nicht, denn ich habe kürzlich eine Genehmigung erhalten zum Fällen von drei schiefen, kranken Fichten. Anbei die Rechnung für die Begutachtung. Mein Antrag bezog sich aber eigentlich auf drei schiefe, kranke Birken. Birken, nicht Fichten. Jetzt mal ehrlich, die sehen doch auch alle gleich aus, diese Bäume, diese einheimischen.

vintage

Ich habe kürzlich neue Musik auf YouTube entdeckt. Eine mir völlig unbekannte, großartige Band aus Schottland. Ich habe mich gefreut und gedacht, toll, ich bin doch immer noch ein Hipster! Bei der Recherche über die Band konnte ich dann lesen, dass sich meine Neuentdeckung 2005 nach langjährigem, weltweitem Erfolg aufgelöst hatte. Sehen wir der deprimierenden Tatsache ins Auge, dass ich seit über zwanzig Jahren nichts mehr mitbekommen habe. Ich bin alt. Vintage, um es nett auszudrücken.

Ich könnte auf eine Retro-Welle hoffen, die mich wieder nach oben spült. Wird mir aber nichts nützen. Ich trage Kleidung, die schon dreimal lachhaft altmodisch und bereits viermal retro war. Was ich allerdings nicht gemerkt habe. Retro-Kleidung ist aber nur dann hilfreich, wenn der Träger auch weiß, dass es retro ist.

Zu meinem großen Glück gibt es den Garten. Hier herrscht die Hektik einer Wanderdüne. Deutschland entdeckt aktuell seit siebzig Jahren den „Einzug der Gräser und Farne" in den Garten. Und da ist immer noch Luft nach oben. Karl Foerster ist keineswegs retro, sondern harrt für die meisten Gartenbesitzer seiner Entdeckung als Kultgärtner. Oder Präriepflanzungen, die letzte große Modewelle unserer Gärten. Die wurden entwickelt, als es in Deutschland noch vierstellige Postleitzahlen gab. Ein Garten ist sicher nicht der Ort, wo einem vor rasender Veränderung der Kopf brummt. Herrliche, beruhigende, ewige Wiederkehr des Gleichen: Unser Rasen ist voll Moos, war voll Moos und wird voll Moos sein bis ans Ende aller Tage. Und unsere Schubkarren haben, hatten und werden immer platte Reifen haben. Auch das ist ein Mittel zur Entschleunigung. Okay, aus Gartenzwergen wurden Gartenbuddhas und während ich diesen Text schreibe, sind schon wieder zwanzig neue, tolle und hochmoderne Echinaceen-Sorten auf den Markt gekommen. Viele entpuppten sich allerdings lediglich als Pokemons und andere famose Sorten wie 'Double Peach Deformity', 'Collapsing Cherry Sunset', 'Prairie Perversity' und 'Pink Nervous Breakdown' sind schon wieder aus den Sortimenten verschwunden, bevor sie verblüht waren. *Echinacea* 'Lethal Obstruction' nicht zu kennen, ist also kein Grund, jetzt mit den Füßen zu scharren. Bleiben Sie cool. Vintage ist hip. Zumindest im Garten.

TOD
dem Schneck!

Wenn du einen Schneck
behauchst,
schrumpft er ins Gehäuse.
Wenn du ihn in Kognak tauchst,
sieht er weiße Mäuse.
Joachim Ringelnatz

Wir sind Gärtner, wir mögen Pflanzen und Tiere, wir lieben die Natur. Wir verachten Menschen, die brutal ihre Vorgärten vollschottern, die mit Chemie und Laubsaugern den spontanen Erscheinungen des Lebens begegnen. Wie sind nachhaltig, sensibel und zudem noch komplett biologisch abbaubar.

Gäbe es da nicht die Nacktschnecke. Der gleiche Mensch, der eben noch dem Gartenbesuch mit mild-achtsamem Gesichtsausdruck erklärt hat, dass die üppig wuchernden Wildkräuter hier alles dürfen, da ja jedes Pflänzchen „irgendwo seine Schönheit hat", wird binnen einer Sekunde zum kalt rächen-den Todesengel. Mit einem triumphierenden „Ha!" und blanker Mordlust im Blick, wird vor den Augen der entsetzten Gartenbesucher eine große Nacktschnecke mit der Rosenschere in zwei Teile geschnitten. „Das ist ja eklig", sagt der Garten-besuch mit angewidertem Gesicht. „Machst du das immer so?", wird der Gärtner dann gefragt und dabei angesehen, als ob man ihm nach dieser Tat auch Kinderschändung zutraut. „Klar", sagt der Gärtner, „das geht wenigstens schnell."

Der Gartenbesuch hat auch einen Garten und erklärt, bei ihm kämen die Schnecken immer in eine Tüte. Ja, und dann? Na, wenn die Tüte dann voll ist, wird sie dicht verschlossen und kommt in den Mülleimer. Das ist natürlich gar nicht eklig und erlaubt zudem das gute Gefühl, nichts mit dem langsamen und qualvollen Tod der Schnecken zu tun zu haben. Solche Menschen sind gerne erklärte Vegetarier und essen ab und zu mal Chicken Wings.

Ein Bekannter, der neben einer großen Portion Neugier auch einen ausgeprägten Sinn fürs Prak-tische besitzt, hat einmal eine Portion Nackt-schnecken gebraten. Seine Ansprüche ans Essen sind nicht sehr hoch und trotzdem verlief das Experiment unbefriedigend. Er hat sich lediglich eine Pfanne versaut und dann den ganzen Tag ein komisches Gefühl im Magen gehabt. Die Schnecken schmeckten nach seiner Aussage bitter und irgendwie knorpelig.

Das wird auch der Grund für das Scheitern meines eigenen Schnecken-Experimentes gewesen sein. Ich hatte gelesen, dass Weinbergschnecken die Gelege von Nacktschnecken fressen. Also habe ich mir Weinbergschnecken in den Garten geholt. Sie haben sich dort prächtig vermehrt und meinen Steingarten kahl gefressen, der von den Nackt-schnecken bisher verschont wurde. Meine Wein-bergschnecken dachten überhaupt nicht daran, sich von bitteren und knorpeligen Nacktschnecken zu ernähren, sondern fraßen lieber zarte Iris-Spitzen.

Schneckenkorn geht nicht. Wegen der Chemie und der Igel. Bierfalle ist auch doof, da dort laut Wikipedia, viele Igel zu dauerbesoffenen Alko-holikern werden, weil sie die biergetränkten Schnecken fressen.

Eine andere Methode hat meine frühere Nachbarin entwickelt. Sie hat ihre Schnecken in einem Eimer gesammelt und dann auf die andere Seite der nahe gelegenen Bahnlinie gebracht. Wahrscheinlich in der Hoffnung, dass sich die Schnecken dann aus Gram über den Verlust ihrer alten Heimat vor den nächsten Zug werfen.

Die Welt ist grausam.

Das *heilige* Grün

Ich bin kein Freund von Rasen. Rasen ist überflüssig und frisst nur den Platz, den man für richtige Staudenpflanzungen verwenden könnte. Gräser in Massen finde ich zwar toll, aber die Bonsai-Ausführung einer Gräserpflanzung ist nicht meine Sache.

In den Gärten der Kunden ist Rasen allerdings heilige Pflicht. Wegen der Kinder. Wegen des Hundes. Wegen Federball. Und obwohl meine Abneigung gegen gemähtes Gras bekannt ist, werde ich häufig gefragt, was man denn da machen könne, um den Rasen mal so richtig auf Vordermann zu bringen. Dabei deutet der Kunde auf eine Moosfläche mit Gänseblümchen, Klee und Solitär-Gräsern.

Ich antworte nach bestem Wissen, dass vierzehntägiges Vertikutieren, Aerifizieren, Inspizieren, Kontrollieren, Infizieren, Reparieren und Mumifizieren für den Anfang reicht. Dreimal in der Woche sollte der Rasen gedüngt, gewässert, gestäbt, geschnitten, gelegt und geföhnt werden. Wenn Kinder und Haustiere den Rasen nutzen, natürlich entsprechend häufiger. Federball-Rasen ist ein Pflegethema für sich. Nach diesen Informationen ist beim Kunden in der Regel das flackernde Feuer der Rasenpflege erloschen und das Moos bleibt, wo es war, und wird weiterhin als Rasen bezeichnet.

Woher die absurde Vorstellung stammt, dass Rasen der pflegeleichteste Teil eines Gartens sei, weiß ich nicht. Ich habe schon als Kind in „Asterix bei den Briten", Seite 18, gelernt, dass gepflegter Rasen etwas für schrullige Menschen ist, die sonst keine Hobbys haben. Und auch in der gepflegten Vorstadt-Einzelhaus-Straße, in der ich groß geworden bin, waren die Zierrasen-Fetischisten nicht die Nachbarn, die einem durch Lockerheit und Lebensfreude aufgefallen wären.

Trotzdem ist für den normalen Gartenbesitzer Garten ohne Rasen nicht vorstellbar. Rasen nimmt dabei eine Sonderstellung im Garten ein. Im Gegensatz zu Bäumen, Sträuchern, Unkraut und Stauden, die eindeutig dem Reich der Pflanzen zugeordnet werden, wird Rasen als Hybridzustand zwischen belebter und unbelebter Materie angesehen. Rasen ist nicht direkt Pflanze und nicht direkt Teppich. Trotzdem kann er ausgerollt und auch sofort betreten werden. Ich habe neulich auf einem Neubau-Grundstück die Verlegung des Rollrasens erlebt und schon am nächsten Tag den Kindergeburtstag mit Hüpfburg und Stelzenlaufen (!) auf genau diesem frischen Rollrasen. Das hat mir gefallen. Denn meine Einstellung zum Rasen wird am besten durch einen Ausspruch des ehemaligen Bundesligaspielers Rolf Rüssmann charakterisiert:

**„Wenn wir hier schon
nicht gewinnen,
treten wir ihnen wenigstens
den Rasen kaputt."**

Wenn es sein muss, greift Bodo Bredow auch mal zu Schere.
Privat mag er Gänseblümchen.

PROFI-*GRÜN*

Ein Interview.

Möchte man sich eines Klischees
bedienen, dann ist die Frau die
Gesamt-Garten-Verantwortliche.
Während „sie" die wichtigen
Entscheidungen trifft und anspruchsvolle Aufgaben wie das Pflanzen
und Wässern übernimmt, werden
niedrige Aufgaben wie das Heckeschneiden oder Rasenmähen gerne
an „ihn" delegiert. Rasenmähen
eine niedrige Aufgabe? Eher eine
hochkomplexe, fast schon wissen-
schaftliche Aufgabe, sind sich nicht
wenige Männer einig. Ein guter
Rasen muss schließlich immer top
gepflegt sein, und das beinhaltet
weit mehr als das richtige Frisieren.
Wir wollten es etwas genauer wissen
und haben jemanden gefragt, der
es wissen muss: **Bodo Bredow,
Head-Greenkeeper auf dem
Golfplatz Motzen** (südwestlich von
Berlin), verantwortlich für dreizehn
Gärtner und hundertsechzig Hektar
Fläche.

JR: Der Golfplatz ist ja für den Laien der Inbegriff
des perfekten Rasens. Wenn ich mich hier
umschaue, dann trifft das aber nur für einige
Bereiche zu, etwa hier um das Loch herum.
BB: Ein Golfplatz besteht ja nicht nur aus dem
Grün (Green). Das macht nur etwa zwei Prozent
der Gesamtfläche aus. Addiert man noch den Ab-
schlagbereich, das Vorgrün und die Spielbahnen
(Fairways) hinzu, dann gehören etwa zwanzig
Prozent zu den intensiv gepflegten Bereichen auf
unserem Golfplatz. Um sie zu erhalten, benötigen
wir etwa achtzig Prozent unserer Arbeitszeit. Die
restlichen zwanzig Prozent nutzen wir für die
Wiesen- und Gehölzpflege, die Wartung unseres
Maschinenparks, Reparaturen und Bauarbeiten,
Bodenanalysen und Wetterbeobachtungen.

JR: Wetterbeobachtungen?
BB: Ja, die sind sehr wichtig. Viele Pflegearbeiten
sind witterungsabhängig. Einerseits lassen sich
einige Tätigkeiten nur zu bestimmten Zeitpunk-
ten ausführen, andererseits können wir durch
vorrausschauende Pflege Krankheiten vermeiden.
Auch wenn die Bewässerung automatisch erfolgt,
muss sie täglich richtig eingestellt werden.

JR: Der Golfplatz befindet sich auf sandigem,
kaum wasserspeicherndem Boden. Laut
Wetterdaten bekommt die Region sehr wenig
Niederschlag ab (Anmerkung der Redaktion:
fünfhundert Millimeter pro Jahr). Muss da nicht
ohnehin täglich gewässert werden?

BB: Zunächst einmal ist ein sandiger Boden eine gute Grundlage für einen Rasen, da sich keine Staunässe bildet. Dies würde die Ausbreitung von Krankheiten und Fäulnis fördern. Selbst die intensiv bespielten Greens werden bei uns nur alle zwei bis drei Tage bewässert, und das auch nur im Hochsommer bei lang anhaltend ausbleibenden Niederschlägen. Bei täglicher Wässerung würden die Gräser nur kurze Wurzeln bilden. Damit steigt die Gefahr von Rasenschäden deutlich. Auch ein Golfplatz ist nicht ständig „frischgrün". Wichtig ist, dass die Fläche bespielbar bleibt.

JR: Also ist weniger doch manchmal mehr?
BB: Sagen wir mal so: Seltener, dafür aber intensiver. Ich empfehle in Trockenperioden alle drei Tage einmal durchdringend zu wässern. Am besten am Morgen, weil das Wasser dann besser aufgenommen werden kann.

JR: Jetzt kommt die Frage, die Sie vermutlich jeder fragt: Wie häufig mähen Sie eigentlich den Rasen. Und wie hoch wird der Mäher eingestellt?
BB: Da es unterschiedliche Bereiche gibt, lässt sich die Frage nicht pauschal beantworten. In der Saison, also zwischen April und Oktober, mähen wir die Greens täglich mit drei bis viereinhalb Millimeter Schnitthöhe. Abschläge und Vorgrüns werden dreimal (zehn Millimeter) und Fairways zweimal (vierzehn Millimeter) die Woche gemäht. Alle anderen Bereiche werden seltener aufgesucht. Die sogenannten Roughs (Wiesen) werden sogar nur einmal im Jahr gemäht.

JR: Welchen Tipp geben Sie, wenn man einen „Green"-ähnlichen Teppich im heimischen Garten erreichen möchte?
BB: Vergessen Sie es! Der Pflegeaufwand ist immens und sich die passende Technik zu beschaffen, kostet ein Vermögen – unser Maschinenpark

hat einen Wert von mehr als einer Millionen Euro. Um einen wirklich passablen Rasen zu bekommen, reicht schon viel weniger.

JR: Was denn?

BB: Vorausgesetzt die Standortbedingungen stimmen – also keine starke Verschattung, keine Gehölzwurzeln und ein dränfähiger Boden, dann reichen schon wöchentliches Mähen, gelegentliches Vertikutieren und dreimal im Jahr Langzeitdünger. Bei der Menge sollte man die Vorgaben der Hersteller nicht überschreiten. Dies führt nur zu stärkerem Wachstum und erfordert häufigeres Mähen, verbessert aber nicht mehr die Qualität des Rasens.

JR: Und wie hoch sollte der Rasenmäher eingestellt werden?

BB: Das ist eine Frage des persönlichen Geschmacks, aber dreißig bis fünfzig Millimeter

dürften ein guter Orientierungswert sein. Höhere Werte haben den Vorteil, dass weniger Licht auf den Boden trifft und damit der Aufwuchs von Belkräutern vermindert wird.

JR: Apropos Beikräuter. Was machen Sie mit diesen? Ein guter Rasen besteht doch nur aus Gräsern, oder?

BB: Klee kann man bis zu einem gewissen Grad selbst auf dem Golfplatz tolerieren. Aber grundsätzlich besteht ein hochwertiger Rasen schon aus Gräsern. Auf unserem Gelände kommen wir nicht ganz ohne entsprechende Gegenmittel aus, wobei wir den Mitteleinsatz in den letzten Jahren deutlich reduziert haben. Durch unsere Bodenanalysen wissen wir genau, was unsere Gräser brauchen. Und wenn die optimal versorgt sind, dann bleibt ohnehin wenig Platz für anderes.

JR: Kommt man zu Hause auch ohne Gifte aus?
BB: Ich würde jedenfalls auf Gifte verzichten. Die sind wirklich nicht ganz ohne. Für mich gehören die im Hausgarten und in der Landwirtschaft verboten. Wer wirklich nicht mit Gänseblümchen, Wegerich und Löwenzahl leben kann, soll sie ausstechen.

JR: Ein guter Rasen fängt ja bei der richtigen Samenmischung an, oder täusche ich mich da?
BB: Auf dem Golfplatz verwenden wir in bestimmten Bereichen auch mal gerne nur eine Gräser-Art. Im Hausgartenbereich haben Mischungen den Vorteil, dass sie schneller wirken und durch die verschiedenen Gräser eine größere Standortamplitude aufweisen. In der Regel sind die Mischungen wirklich gut aufeinander abgestimmt. Es fällt mir schwer, da irgendeine zu empfehlen. Aber teuer ist nicht zwangsläufig besser. Und einen wirklich strapazierfähigen Rasen bekommt man auch im Schatten nicht mit einer „Schattenmischung" hin.

JR: Wann ist der beste Zeitpunkt für eine Raseneinsaat?
BB: Ich empfehle immer den September. Dann ist nicht mehr mit Extremwetterlagen zu rechnen. Und man bekommt frisches, gut keimfähiges Saatgut, das im Frühsommer gewonnen wurde. Deshalb immer auf das Abpackdatum achten.

JR: Im Hausgartenbereich setzen sich immer stärker Mähroboter durch. Wie finden sie die?
BB: An sich nicht schlecht, schließlich sorgt die regelmäßige Mahd für eine dichte Grasnarbe.

Beim Vertikutieren muss man aufpassen, dass man nicht die Induktionsschleifen erwischt.

JR: Mähroboter benutzen – wie die meisten Gartenmäher in Deutschland auch – ein sogenanntes Sichelmesser. In England, dem Mekka des gepflegten Rasens, sieht man dagegen häufig Spindelmäher. Auch Sie verwenden solche. Ist das vielleicht das Geheimnis des perfekten Rasens, das Sie nicht verraten wollen?
BB: [Grinst] Spindelmäher liefern theoretisch das bessere Schnittergebnis. Allerdings setzt das gut geschliffene Messer voraus. Das gilt zwar auch für Sichelmäher, aber beim Spindelmäher müssen die Messer nicht nur scharf, sondern exakt zum Gegenmesser geschliffen sein. Das erfordert Können und die richtige Werkstatt.

JR: Das Thema Rasenschnitt haben wir jetzt abgehandelt. Was machen Sie mit dem Rasen auf dem Golfplatz außer Wässern, Düngen und Vertikutieren sonst noch?
BB: Nicht so viel. Nur Nachsäen, Aerifizieren, Spiken, Schlitzen, Top-Dressen, Absanden, Graden, Bügeln und Abtauen. Noch Fragen?

JR: [Grinst] Nein. Oder doch. Wie sieht eigentlich Ihr Rasen zu Hause aus?
BB: Bunt. Ich freue mich über Klee und Gänseblümchen. Von meiner Terrasse beobachte ich dann immer meinen Nachbarn, der seinen Rasen mit der Nagelschere pflegt.

Enzyklopädie der gärtnerischen Ausreden.

MEA / CULPA.
580 S., zahlr. Fotos, 18. Aufl.,
79,90 Euro.
Verlag Eugen Ulmer, 2014.

ISBN 978-4-8186-0000-6

9 783818 600006

€ (D) 79,90
€ (A) 79,90

April, April

Die Fachgartenzeitschrift „Gartenpraxis" erscheint pünktlich zum jeweils Monats-Ersten. Dies bietet der Redaktion, die im Zeitschriften-Gewerbe eher unübliche Möglichkeit, April-Scherze mit ihren Lesern zu treiben. Auch der 1. April 2014 war entsprechend „beplant". Statt Fotomontagen oder kurioser Meldungen versteckte sich der Versuch, die Leser auf die falsche Fährte zu führen, diesmal ganz harmlos in einer Buchrezension. Besprochen wurde die kürzlich erschienene „Enzyklopädie der gärtnerischen Ausreden". Ein passendes Buchcover, das mit stimmungsvollen Bildern versehen war, führte augenblicklich in das Thema ein. Als Rezensent konnte der den Lesern als Kolumnist schon bestens bekannte Jörg Pfenningschmidt gewonnen werden. Die bibliografischen Daten (580 Seiten, 79,90 Euro, 18. Auflage) ließen erkennen, dass es sich um ein Monumentalwerk der Buchkunst handeln müsse. So weit, so gut.

Aber hätten die Leser nicht stutzig werden müssen, als es hieß, „das Buch ist nicht im Buchhandel, sondern nur direkt über den Ulmer-Verlag zu beziehen" und dass es „aus verständlichen Gründen nicht in die Hände von Kunden gelangen" dürfe? Ein Teil jedenfalls nicht, wie erboste Leserbriefe zeigten. Darunter auch von einer bekannten süddeutschen Gärtnerei, die gleich mehrere Exemplare ordern wollte. Und selbst Redakteurskollegen aus der Schweiz gingen der „Gartenpraxis" auf den Leim.

Um größtmögliche Authentizität zu waren, gab die Redaktion in den bibliografischen Angaben die ISBN-Nummer eines wirklich existenten Ulmer-Buches an. Durch die Verkettung unglücklicher Umstände hatte die Redaktion jedoch weder den Leserservice noch die Buchbestell-Annahme oder sonst wen über den April-Scherz in Kenntnis gesetzt, noch war der verantwortliche „Gartenpraxis"-Redakteur am 1. April und den Folgetagen im Verlag. Nur mit dem Versprechen, so etwas nie wieder zu machen, durfte er eine Woche später an seinen Arbeitsplatz zurückkehren. „Die Enzyklopädie der gärtnerischen Ausreden" stieg indes in der Bestsellerliste der nie erschienenen Bücher ganz weit oben ein ...

Es fällt schwer, ein Buch zu rezensieren, das seit Jahren schon zu den bewährten Klassikern der Gartenliteratur gehört. Kaum ein professioneller Pflanzenverwender könnte sich heute seine weitgehend kenntnis- und verantwortungsfreie Tätigkeit vorstellen, ohne auf das fundierte Wissen von Mea/Culpa zurückgreifen zu können.

Bis zum ersten Erscheinen des Buches waren wir in der unangenehmen Situation, uns hilflos und unvorbereitet den Konsequenzen unseres fehlerhaften Tuns stellen zu müssen. Erst Mea/Culpa haben mit ihrer „Enzyklopädie der gärtnerischen Ausreden" die Basis geschaffen für ein fröhliches und stressbefreites Wirken in Gärten und Parks. Das Buch bietet auf 580 Seiten neben vielen erprobten Ausflüchten auch gänzlich neue Strategien der Verantwortungsvermeidung. Von „Also, das kann ich mir jetzt auch nicht erklären, warum die braun sind" bis „Zur Zeit sieht das überall so aus" bieten sich dem professionellen Nutzer Ausreden für alle nur denkbaren Gartensituationen.

Die nunmehr 18. und völlig überarbeitete Auflage dieses Standardwerkes konzentriert sich auf die drei Hauptrichtungen der Schuldzuweisungen Kunde, Schädlinge und Wetter. Schnell wird deutlich, dass die Strategie, dem Kunden die Schuld für das gärtnerische Desaster zu geben, eher traditionellen Mustern folgt. „Sie haben zu wenig gegossen" zählt mittlerweile zu den Klassikern der faulen Entschuldigungen, kann aber angesichts von immer häufiger eingesetzten Beregnungsanlagen immer noch in ein wirkungsvolles „Sie haben ja auch alles ersäuft" abgewandelt werden. Der Themenkomplex Schädlinge ist um wichtige Neuerungen ergänzt worden. Neben Wildschweinen können jetzt auch exotische Neueinführungen von Viechern und Pilzen im Zuge der Globalisierung als Ausreden für das von uns angerichtete florale Desaster herhalten. Dabei ist es nach Mea/Culpa relativ unerheblich, ob überhaupt irgendwelche Spuren von Schädlingen zu erkennen sind. Die Autoren weisen zu Recht darauf hin, dass selbst an der gesündesten Pflanze noch ein komisches Blatt hängt, welches dem geschulten Ausflüchter die Möglichkeit gibt, von neuen Viren zu erzählen, die angeblich für den traurigen Zustand der Sumpf-Primeln unter dem trockenen Dachüberstand verantwortlich sein sollen.

Erfahrene Nutzer von gärtnerischen Ausreden bezeichnen das Wetter gern als „Old-school excuses". Mea/Culpa allerdings öffnen uns die Augen für die beinahe unbegrenzten Möglichkeiten, die sich durch den globalen Klimawandel ergeben. Das Wetter ist, um die beiden Autoren zu zitieren, zur „unbezwingbaren Prätorianergarde der gärtnerischen Ausreden" geworden. Noch nie waren die Winter so kalt oder so warm, die Sommer viel zu nass oder viel zu trocken, der Herbst zu windig oder gar kein richtiger Herbst mehr und vom Frühling wollen wir gar nicht erst reden. Frost und Schnee im Januar bezeichnen wir als Wetterkapriolen und erklären so das geheimnisvolle Verschwinden der nicht ausgegrabenen Dahlienknollen.

Praktischerweise sind die Verursacher dieses Zustandes weit weg. Denn Schuld haben vor allem der US-Senat und die Chinesen. Und so ist dank dieses nie versiegenden Füllhorns der Ausreden der Gärtner zweifelsfrei der Letzte, der für den Zustand seines vermurksten Gartens verantwortlich zu machen ist. Das Buch ist nicht im Buchhandel, sondern nur direkt über den Ulmer-Verlag zu beziehen und sollte aus verständlichen Gründen nicht in die Hände von Kunden gelangen.

Im *Gartenleben* unserer Tage
geht der Mensch,
der wildschweifende,
eine neue *abenteuerliche Ehe*
mit der Natur ein. *Karl Foerster*

marshmallows

(Fast) alle Menschen lieben Akeleien. Teilt man, so wie ich, diese Begeisterung nicht, wird man gebeten, diese komische Haltung bitte zu begründen.

Also: Akeleien zählten zu den ersten Stauden in meinem Garten. Ohne mein Zutun waren sie vom Nachbarn eingewandert. Hübsche *Aquilegia vulgaris*, meist in Blau und Rot. Ich habe mich gefreut, denn die Pflanzen gediehen gut und säten sich aus. Ich sammelte im Laufe der Zeit mehr Erfahrungen im Garten, der Rasen wurden weniger, die Staudenbeete größer. Dann wurde ich Mitglied bei der Gesellschaft der Staudenfreunde und damit begann eine ungebremste Sammelleidenschaft. Vor allem natürlich von Stauden, die selten, teuer und empfindlich waren.

Geum und *Geranium* mussten *Galax* und *Glaucidium* weichen. Je heikler, umso besser. Für diese Gesellschaft wird *Aquilegia vulgaris* zum Problem, denn ehe man sich versieht, macht sich eine Akelei in einem seltenen Pflänzchen breit und ist daraus ohne größere Operationen nicht mehr zu entfernen. Mal eben so zupfen geht da nicht, denn das Ende einer Akelei-

Wurzel hat noch nie ein Mensch gesehen. Dann machte ich in meinem Garten die Erfahrung, dass sich, obwohl ich Akeleien in den schönsten Farben in meinen Garten geholt hatte, sich stets nur eine Form von *Aquilegia vulgaris* vermehrte: rosa gefüllt. Kein blau, kein rot, kein weiß, kein violett oder schwarz, keine Sporne und anmutige Leichtigkeit, sondern stets nur dieses pummelige, gefüllte Rosa. Diese Pflanze, die mich an einen rosa Marshmallow erinnerte, war in meinem Garten offensichtlich der Endpunkt der Akeleien-Evolution und wahnsinnig erfolgreich. Kein Platz im Garten blieb ohne rosa gefüllte Akelei. Sie platzierten sich im Steingarten in alpine Polster, im Moorbeet in zarten Sonnentau und wirkten als farbenfrohe Ergänzung zu orangeblühenden *Hemero-callis*.

Heute ist meine Sammelleidenschaft abgekühlt und mir steht der Sinn nach vernünftigen Pflanzen statt nach gefülltem, weißem *Glaucidium*, das ein Jahresgehalt kostet. Heute weiß ich, dass Akeleien gute Pflanzen sind, wenn man sie vernünftig einsetzt. Trotzdem bleibt ein tief sitzendes Misstrauen. Wegen der rosa Marshmallows.

NIEMALS!

Im Laufe meiner Tätigkeit als Staudenplaner habe ich mir zwei eherne Vorsätze angeeignet: Frage die Kunden nie nach ihren Lieblingspflanzen und frage die Kunden nie nach ihren Lieblingsfarben.

Auf die Frage nach den Lieblingspflanzen werden nämlich mit Sicherheit immer die Pflanzen genannt, mit denen der zeitgenössische Staudenplaner überhaupt nichts anzufangen weiß: Maiglöckchen, Rittersporn, Margerite, Frauenmantel, Stockrose, Glockenblume. Sehr schön. Unsere Frage nach den Lieblingspflanzen hat uns ein Paket von zimperlichen oder wuchernden Nervensägen beschert, die wir jetzt argumentativ wieder entsorgen müssen. Haben Sie ernsthaft gedacht, der Kunde würde auf diese Frage *Polygonum polymorphum* antworten? Oder von *Kalimeris* 'Madiva' schwärmen? Dann bräuchte er ja wohl keinen Staudenplaner.

Mit der zweiten Frage können Sie noch mehr Unheil anrichten. Denn jetzt haben Sie sich mit großer Wahrscheinlichkeit um den Einsatz von gelb blühenden Stauden gebracht. Fünfundneunzig Prozent aller Kundinnen (und nur denen wird ja diese verheerende Farb-Frage gestellt, Männern ist Farbe völlig wurscht) mögen kein Gelb. Bis auf das Gelb vom Frauenmantel. Aber das ist ja auch was ganz anderes.

Treten Sie ruhig bei Kunden eine Farb-Debatte los, Sie werden sie immer verlieren. Denn auch Kunden, die eine Tanne nicht von einer Nelke unterscheiden können, haben eine riesige Bibliothek von Gartenbüchern zum Thema Farbe im Garten. Allein drei Regale werden mit wunderbaren englischen Büchern über weiße Gärten gefüllt, in denen sich herrliche, hier nicht winterharte Pflanzen tummeln. Sehen Sie zu, wie Sie die Kundin vom x-mal wiederholten „Sissinghurst für Arme" zum kräftigen, oudolfschen Staudenbeet mit wilden Farben und in Schönheit sterbenden Blütenköpfen bekehren.

Mich ermüdet diese Fixierung auf die Farbigkeit der Blüten zunehmend. Blütenaufbau, Habitus und Struktur einer Pflanze, ihr Laubwerk und der Kontext der Pflanzung sind für mich mindestens ebenso wichtig. Aber nein, der reine Farbgarten muss es sein. Mein geschätzter Berliner Kollege Christian Meyer hat es so treffend ausgedrückt, dass ich ihn hier zitieren muss: „Zunehmend merke ich eine Abneigung gegen Farbgärten mit Stauden, weil es hier einfach zu viele schlechte Beispiele gibt. Welcher Zoodirektor würde Zebra und Pinguin in ein Gehege packen, nur weil die farblich zusammenpassen?"

Ich bin einmal grauenhaft gescheitert, weil ich mich ohne Not über die Wirkung von Farben im Garten ausgelassen und dabei nur angelesene Plattheiten verbreitet habe. Der Kunde konfrontierte mich hingegen mit einer genauen Kenntnis der goetheschen Farbenlehre. Ein Desaster. Ich antwortete, warum ist mir bis heute ein Rätsel, mit einem Satz, mit dem ein Freund einmal meine Kleidung kommentiert hatte: „Grün und Blau schmückt die Sau." Dieser Beitrag zur Farblehre Goethes hat mich ganz überraschend den Auftrag gekostet.

Name von Redaktion geschwärzt.

Und nun ist endlich Feierabend, möchte man hinzufügen. Dieser Grabstein ist eindeutig in einer Zeit entstanden, als das süße Gift der Selbstverwirklichung noch nicht die Gesellschaft zersetzt hat und der Begriff „Work-Life-Balance" noch als Fachausdruck aus der Welt des Turnens galt.

ICH
UND DAS
JENSEITS

Es kann nicht ausbleiben, dass das Gärtnern, diese Beschäftigung mit den ursprünglichen Elementen, das tägliche Erleben von Werden und Vergehen, Aufblühen und Sterben, uns zwangsläufig zu den letzten und fundamentalen Gedanken des Lebens führt. Man hält inne und fragt sich: Was mache ich hier? Gibt es eine unsterbliche Seele? Gibt es ein Leben nach dem Tod? Und wenn ja, gibt es dort auch wirksames Schneckenkorn?

Woody Allen hat neulich auf einer Pressekonferenz etwas sehr Kluges über den Tod gesagt. Er meinte, je älter er wird und je mehr er über das Sterben nachdenkt, umso mehr kommt er zu der Erkenntnis: Er ist dagegen und man sollte es wenn möglich vermeiden.

So ähnlich hat auch der Kunde gedacht, der kürzlich völlig empört reagierte, als in seinem Garten die Existenz des Todes offenbar wurde. Er hatte mich gefragt, warum denn die alte Kirsche in seinem Garten so schlecht aussehen würde. Ich habe daraufhin die Vermutung geäußert, dass die Kirsche alt sei und langsam sterben würde. Das sei nun mal so, habe ich noch gesagt. Wie, war die Reaktion des Mannes, einfach so sterben oder was? Schließlich habe er doch für das Grundstück mit der Kirsche viel Geld ausgegeben und nun könne die sich doch nicht einfach vom Acker machen. Der Mann ist Anwalt, und zwar ein ziemlich guter. Ich denke, er wird Freund Hein, Gevatter Tod, dem Sensenmann oder wie immer wir ihn auch nennen, eine saftige, teure Klage ins Haus schicken. Wegen Wertminderung des Grundstücks, Hausfriedensbruch und Verstoßes gegen die Garantieansprüche auf ein ewiges Leben. Der Tod wird sich warm anziehen müssen.

Auch die Geschichte, die mir ein Friedhofsgärtner kürzlich erzählt hat, zeugt von einer sehr praktischen und handfesten Vorstellung vom Tod. Eine Witwe bat die Kollegen, bei der Bepflanzung des Grabes ihres Mannes die Pflanzen anders herum einzusetzen. Also mit den Blüten nach unten. Schließlich wolle ihr Mann ja Blüten sehen und keine Wurzeln. Kann man nachvollziehen, auch wenn die Gärtner sich geweigert haben, diesem Wunsch nachzukommen.

Glücklicherweise ist der Brauch ausgestorben, beim Tod des Kunden auch gleich den Gärtner danebenzulegen, damit der Herr des Hauses das andere Leben nicht mit Heckeschneiden und Rasenmähen beginnen muss.

Bisher waren Sanseverien nur langweilige Staubfänger, bei denen man nicht wusste, ob sie schon längst tot sind. Neue Züchtungen ergänzen diese überzeugende Eigenschaft der Pflanze noch um eine aufdringliche Farbigkeit.

NEUES von den Neuheiten

'Double Pink Summer Mango Delight Sundowner'. Kennen Sie nicht? Nie gehört? Das ist der Sortenname einer *Echinacea*, die im nächsten Sommer in unsere Gärten kommt. Das ist meine mutige Prophezeiung. Die Farbe dieses brandneuen Purpur-Scheinsonnenhutes wird ein grelles Pink mit gelb-orangefarbenen Spitzen und lila-purpurner Unterseite sein. Dazu ist die Staude gefüllt, wächst kompakt und hat tellergroße Blüten, die endlos lange halten. Und sie steht in einem himmelblauen Plastiktopf. Geil! Die müssen Sie haben! Nur 12,99 Euro. Mitnehmen!

Ehrlich gesagt habe ich es aufgegeben, mich mit den neuen Sorten der Echinaceen, die in den letzten Jahren die Gärtnereien geflutet haben, zu beschäftigen. Mit den ganzen 'Sunshine Breezes' und 'Pink Sundowns' und ähnlich schauderhaften Sortennamen, die alle klingen wie künstliches Raumspray. Man wünscht sich in eine Zeit zurück, da Züchtungen zwar marketingtechnisch fragliche Namen wie 'Grete Püngel', 'Else Schluck' oder 'Anita Pfeifer' bekamen (alles Astilben), dafür aber auch noch nach achtzig Jahren in den Sortimenten zu finden sind.

Ich habe auch überhaupt keine Ahnung vom aktuellen *Heuchera*-Angebot, den 'Frosted Marmelades' und 'Hollywood Peaches' und den anderen fünftausend neuen Sorten. Fragt mich in zehn Jahren wieder und dann sehe ich mir an, welche tollen neuen Sorten neben *Heuchera* 'Leuchtkäfer' im Sortiment überlebt haben. Bis dahin kümmere ich mich um Pflanzen, die im nächsten Jahr mit neuer Kraft wiederkommen. Solche Pflanzen nennt man Stauden. *Echinacea* 'Double Rocky Pink' wird auch als Staude verkauft. Und das ist der Punkt, der mich nervt. Denn sie kommt genauso wieder wie ein Blumenstrauß in der Vase. Auch *Heuchera* 'Royal Pudding' (oder wie absurd diese Sorten auch sonst heißen mögen) wäre mir wurscht, wenn dieser Blumenstrauß nicht als Staude beworben und verkauft werden würde. Wenn die Menschen ihre Balkonkästen, Blumentöpfe und Beete mit pinkfarbigen UFOs (formerly known as *Echinacea*) garnieren, ist mir das egal. Ehrlich. Aber ruiniert bitte mit diesen ganzen teuren, sortengeschützten Einjährigen nicht den Ruf der echten Stauden. Echte Stauden sind die, die den „Filter der Enttäuschung" (ich glaube das ist ein Ausdruck von Karl Foerster) durchlaufen und überlebt haben und auch nach Jahren noch robust und gut in den Gärten wachsen.

Bevor wir uns falsch verstehen: Ich mag neue Stauden und bin kein Freund dieser Eigenart, uralte Sorten im Garten zu sammeln, nur weil sie alt sind. Ganz merkwürdig finde ich das bei den glühenden Verehrern von Karl Foerster, die ihren Garten zum Altar uralter Sorten dieses großen Staudenzüchters machen. Foerster selbst wäre wohl der Erste gewesen, der seine alten, abbauenden Sorten durch verbesserte Züchtungen ersetzt hätte.

Die Zahl der neuen *Echinacea*-Sorten und *Heuchera*-Züchtungen, die in den letzten Jahren auf den Markt gekommen sind, ist unüberschau-bar hoch. Ist schon die normale *Echinacea purpurea* keine langlebige Staude (nach spätestens vier Jahren ist's vorbei mit der Pracht), ist die Kurzlebigkeit mancher neuer Züchtung des Purpur-Scheinsonnenhutes nur noch mit der von Smartphones vergleichbar.

Kurzlebigkeit meint in diesem Zusammenhang nicht nur die Lebensdauer der Pflanze im Garten, sondern auch auf dem Markt. Diese Art von hochprofessioneller und extrem arbeitsteiliger Staudenzüchtung, flankiert von perfektem Marketing und Sortenschutz, pustet in stetig wachsender Geschwindigkeit Neuheiten auf den Markt. Und nimmt sie genauso schnell wieder heraus, um sie durch noch Neueres zu ersetzen. Eine sinnvolle und aussagekräftige Staudensichtung, wie sie beispielsweise vom Bund Deutscher Staudenzüchter durchgeführt wird, dauert in der Regel drei bis vier Jahre. Wenn nach dieser Zeit Ergebnisse vorgestellt werden können, sind manche getesteten Sorten schon nicht mehr erhältlich und durch Dutzende von neuen (ungetesteten) Sorten ersetzt worden.

Das ist schade, denn neben den, wie ich finde, potthässlichen *Heuchera*-Sorten mit gelben Blättern und verzichtbaren Echinaceen mit Monster-Blüten, gibt es ja auch sehr schöne Neuheiten, die es wert wären, in mehr Gärten verwendet zu werden. Über deren Verbleib in den Katalogen entscheidet nun aber nicht mehr der „Filter der Enttäuschung" bei den Kunden im Garten, sondern das Patentrecht und das Interesse der Großzüchter an lukrativen Neueinführungen. Wir kennen das Problem von der beliebten Kartoffelsorte 'Linda'.

Das ist es. Ich träume von einer neuen *Echinacea*, die schlicht 'Linda' heißt. Sanftes Gelb, fester Stiel, ausdauernd. Eine *Echinacea*, die so gut ist, dass die Menschen den Freundeskreis „Rettet unsere Linda" gründen, als sie vom Markt genommen und durch 'Belana Hula Sunrise Cherry Attraction' ersetzt werden soll. Eine ganz, ganz neue Sorte, die sich übrigens als mehlig erwies.

Auch Nr. 70.001 kann die Verbesserung sein

Ein Interview.

„Gärtner züchten Pflanzen" ist ein Ausspruch, den man von Laien regelmäßig hört. Doch was genau bedeutet „Züchten" eigentlich? Wir haben dazu **Dr. Tomas Tamberg**, den wohl bekanntesten **Taglilien-** und **Iris-Züchter** Deutschlands, befragt.

JR: Dr. Tamberg, Laien verwechseln oft Pflanzen „ziehen" (im Sinne von „kultivieren"), „vermehren" (ihre Anzahl steigern) und „züchten". Was versteckt sich hinter dem letztgenannten Begriff genau?

TT: Beim Züchten geht es darum, verbesserte Pflanzen zu gewinnen. Bei Nahrungspflanzen steht oft der Ertrag im Vordergrund, bei Zierpflanzen eher größere, andersartige oder auch länger anhaltend blühende Exemplare zu erzielen. Auch hinsichtlich der Wuchsform oder der Gesundheit sind Verbesserungen möglich – manches ist sicherlich eine Ansichtssache.

JR: Ausgelesene Züchtungen erhalten einen Sortennamen. Ist im Umkehrschluss auch jede Sorte das Ergebnis einer Züchtung?

TT: Nicht zwangsläufig, denn auch Zufallsfunde, die sich durch bestimmte Eigenschaften von der Art unterscheiden, können ausgelesen und mit einem Sortennamen versehen werden. Züchten bedeutet, dass man Pflanzen bewusst miteinander kreuzt. Man versucht dabei, die positiven Eigenschaften der Elternpflanzen in den Nachkommen zu vereinen, beziehungsweise die negativen Attribute zu eliminieren.

JR: Hat sich das Züchten im Laufe der Jahre verändert?

TT: Ja. Die ersten Kreuzungen waren noch sehr zufällig. Man konzentrierte sich stärker auf das Selektieren, also eine Auslese aus den durch die Natur erzeugten Zufallsprodukten vorzunehmen. Mit zunehmenden Kenntnissen in der Vererbung von Eigenschaften konnte mit der Zeit immer zielgerichteter gekreuzt werden. Heute nutzt man für Kreuzungen sogenannte Elitepflanzen, also solche Eltern, die selbst gute Sorten darstellen und deren Eigenschaften man weitergeben will. So können in der Regel schnell verbesserte Neuzüchtungen gewonnen werden.

JR: Nicht jede Pflanze lässt sich mit jeder kreuzen. Wie kann man kurz erklären, welche Kreuzungen möglich sind?

TT: Innerhalb einer Art lassen sich davon abgeleitete Sorten untereinander und mit der Art selbst unproblematisch kreuzen, solange sie fertil, also fruchtbar, sind. Das Gleiche gilt auch für Arten, die genetisch „dicht beieinander stehen". Je weiter zwei Arten entwicklungsgeschichtlich voneinander entfernt sind, umso größer wird die Kreuzungsbarriere. Durch die größere Entfernung im Verwandtschaftsgrad sinkt übrigens auch die Wahrscheinlichkeit, dass deren Hybriden selbst reproduktionsfähig sind. Kreuzungshindernisse können zudem in abweichenden Blühzeiträumen begründet sein, aber auch aus Zellsaftunverträglichkeiten oder unterschiedlichen Ploidiegraden resultieren.

JR: Was hat es mit dem Ploidiegrad auf sich?

TT: Anders als beim Menschen oder bei Tieren können Pflanzen – oder auch nur einzelne Pflanzenteile – neben zwei auch über drei, vier oder noch mehr Chromosomensätze verfügen. Tetraploide Pflanzen mit vierfachem Chromosomensatz zeichnen sich gegenüber den diploiden Formen oft durch größere Blüten, intensivere Farben oder festeres Blattgewebe aus. Triploide Taglilien, die gelegentlich auftreten, sind aber weitestgehend steril und lassen sich nicht ohne Weiteres mit diploiden Pflanzen kreuzen. Diploide Pflanzen können mit Hilfe des Alkaloids Colchicin in tetraploide Pflanzen umgewandelt werden, wobei sich der genetische Code selbst nicht verändert.

JR: Sie sprachen eben von „weitestgehend steril". Ist Sterilität – also die Unfruchtbarkeit – nichts Absolutes?

TT: Theoretisch schon. Sterilität liegt vor, wenn kein keimfähiger Samen gebildet wird. Ich bitte hier das Wort „keimfähig" zu beachten, denn nicht jedes Samenkorn enthält einen Embryo. Es gibt aber auch viele scheinsterile Pflanzen, die unter bestimmten Bedingungen durchaus in der Lage sind, keimfähigen Samen zu bilden. In einem anderen Klima oder beim Vorhandensein bestimmter Pollen übertragender Insekten kann sich die vermutete Sterilität plötzlich auflösen. Eine anderes Phänomen sind selbststerile Pflanzen, also Klone von Pflanzen, die sich nicht selbst befruchten können. Kultiviert man nur eine Sorte im Garten, bildet sich kein Samen. Dies ändert sich schlagartig, wenn weitere Sorten dazugepflanzt werden.

JR: Gibt es Hilfsmittel – die Gentechnik einmal außer Acht gelassen –, die Pflanzenkreuzungen positiv beeinflussen?

TT: Wie ich bereits erwähnt habe, sind tetraploide Pflanzen oft farbkräftiger oder großblütiger. Ein weiterer, wichtiger Aspekt ist jedoch die Möglichkeit, durch den Übergang von diploiden zu tetraploiden Pflanzen sterile diploide Hybriden zu fertilen tetraploiden Hybriden zu machen. Durch die Verdopplung des Chromosomensatzes sind diese Hybriden in der Lage, bei der Reduktionsteilung zwei gleichwertige Geschlechtszellen zu bilden. Hierdurch werden völlig neue Kreuzungslinien möglich, was mir bei den Iris in einigen Fällen gelungen ist.

JR: Bei Nutzpflanzen existieren schon seit Jahren genveränderte Sorten. Wie lange wird es dauern, bis genmanipulierte Zierformen im Handel erhältlich sind?

TT: Theoretisch wäre dies heute schon möglich. Fraglich bleibt, ob sich der Aufwand bei Zierpflanzen wirtschaftlich lohnt. Heute schon existente genveränderte Nutzpflanzen sind meiner Einschätzung nach noch immer „Schrotschuss"-Produkte, bei denen der veränderte Zielorganismus aus einer sehr großen Zahl von veränderten Zellen herausgesucht werden muss. Man weiß inzwischen, dass es nicht ausreicht, nur die Funktion eines Gens oder eines DNA-Abschnitts zu kennen, sondern dass auch die Interaktionen zwischen den Genen von Bedeutung sind. So scheiterte zum Beispiel an der Universität Oregon der aufwendige Versuch, eine scharlachrote Hohe Bart-Iris durch die Übertragung eines einzelnen, eindeutig identifizierten Farbgens aus *Lilium pumilum* zu produzieren.

JR: Kommen wir noch einmal zu einem anderen Thema. Sie züchten neben Iris vor allem Taglilien (*Hemerocallis*). Wenn man der Registrierungsdatenbank glaubt, dann gibt es bereits 70.000 Sorten. Macht es da überhaupt noch Sinn, weitere Sorten zu selektieren?

TT: Ich denke schon. Der Schwerpunkt der Taglilienzucht liegt in den USA. Dort wird extrem professionell vorgegangen und mit enormen Sämlingszahlen gearbeitet. Das Ergebnis sind zahlreiche neue Sorten mit beeindruckenden Farb- und Formenspielen in der Blüte. Die meisten neuen amerikanischen Sorten wachsen und blühen aber in unserem Klima unbefriedigend. Deshalb konzentriere ich mich auf die Blütenöffnung und -färbung unter unseren Klimabedingungen sowie auf zufriedenstellende Wuchseigenschaften. Außerdem spielen Stauden bei uns im öffentlichen Grün eine größere Rolle. Hier gibt es andere Erfordernisse als nur spektakuläre Einzelblüten.

JR: Welche Anforderungen sind das genau? Und wie gehen Sie dabei vor?

TT: Ich achte auf eine verlässliche Winterhärte, Fernwirkung und längere Blütezeit. Letzteres erreicht man bei Sorten, die pro Stiel sehr viele Knospen bilden. Auch selbst putzende Blütenstände sind mir wichtig, also dass das Verblühte von selbst schnell abfällt. Untersuchungen des *Hemerocallis*-Genoms haben gezeigt, dass viele Sorten nur auf ein bis zwei Wildarten zurückzuführen sind. Mein Ansatz ist es, weitere wild vorkommende Arten, die über jene positiven Eigenschaften verfügen, einzukreuzen.

JR: Sie haben im Laufe Ihres Lebens schon zahlreiche Sorten eingeführt. Doch wie erfahren die Konsumenten von Ihren guten Züchtungen?

TT: Das ist eine wirklich schwierige Frage. Mein Eindruck ist nämlich, dass viele Verwender den alten, einst hoch bewerteten Sorten lange nachhängen, auch wenn diese schon durch

Neuzüchtungen deutlich übertroffen sind. Innerhalb von Liebhabergesellschaften gibt es regelmäßige Bewertungen. In den Jurys sind die Züchter meist selbst vertreten. In den USA hat sich allerdings gezeigt, dass der Publikumsgeschmack davon stark abweichen kann. Dass sich heute zahlreiche Züchtungen von mir im Handel befinden, liegt sicher nicht nur an ihren guten Eigenschaften, sondern auch an meinen Kontakten zu Gärtnereien oder öffentlichen Gärten, die die Sorten aufgepflanzt haben. Dort wird dann die Nachfrage geweckt.

JR: Wie und wo meldet man neue Sorten an? Wird dort auch geprüft, ob es sich um eine wirkliche Verbesserung handelt?

TT: Bei Pflanzen mit eigenen Liebhabergesellschaften existieren oft eigenständige, internationale Registrierstellen, etwa bei Iris, Taglilien, Funkien oder Rosen. Eine Überprüfung, ob es sich um eine züchterische Verbesserung handelt,

findet nicht statt. Es wird nur überprüft, ob der vom Züchter beantragte Sortenname bereits für eine andere Sorte des gleichen Genus benutzt wurde. Bei Zierpflanzen sind übrigens längst nicht alle Sorten irgendwo registriert. Obwohl die Tendenz in letzter Zeit in diese Richtung geht.

JR: Damit sprechen Sie meine letzte Frage an: In unserer zunehmend arbeitsteiligen Welt trennt sich auch das Pflanzen-Züchten vom Pflanzen-Kultivieren immer stärker. Während es früher zur Ehre der Gärtnerei beitrug, neue Sorten zu gewinnen und einzuführen, ist das Züchten heute in Hand von spezialisierten Profizüchtern und (wenigen) Hobbyzüchtern. Erstgenannte leben vom Sortenschutz und den daraus gewonnenen Tantiemen. Wie stehen Sie zum Sortenschutz?

TT: Bei den von mir bearbeiteten Pflanzengruppen ist Sortenschutz wegen der hohen Kosten eigentlich nicht interessant, weil die gehandelten Stückzahlen zu gering sind. Wenn mir natürlich eine Sensationszüchtung wie etwa eine rein rote Bart-Iris oder eine blaue Taglilie gelingen würde, könnte ich mir aber so etwas schon vorstellen. Das Entscheidende ist, dass Pflanzen zwar geschützt, aber nicht bestimmte Gene oder an ihnen vorgenommene Veränderungen patentiert werden können. Dies würde jegliche Weiterzüchtung, von denen auch heutige Saatgutzüchter profitieren, unmöglich machen.

„Taglilien-Verhüterlies" nennt Tomas Tamberg die Aluminium-Aufsätze, die verhindern sollen, dass unerwünschter Pollen auf die Narbe gelangt.

ZUCHT
und AUSLESE

„Ne, die is' nix!", meinte er nur, bückte sich und rupfte die blühende Iris, noch bevor ich etwas sagen konnte, aus dem Boden und warf sie zur Seite. „Aber die war doch hübsch!" war mein hilfloser Einwand. Da hat er nur gelacht und gemeint, dass ich wirklich gar keine Ahnung hätte. Und dann hat er mir was über die Arbeit eines Züchters erzählt, der Herr Lothar Denkewitz aus Hamburg. Und er konnte eine Menge erzählen, denn er hat als Hobbyzüchter alles gekreuzt und vermendelt, was ihm in die Hände kam: Iris, Farne, Rhododendren, Taglilien, Heide, Lilien, um nur die wichtigsten zu nennen.

Er hat mir dann erläutert, warum die Iris, die ich für hübsch hielt, weder hübsch noch gut war. Dabei ging es nicht um Fragen des Geschmacks, über den man sich angeblich nicht streiten könnte (worüber den sonst? Über Fakten?), sondern um nachvollziehbare und überprüfbare Kriterien, die meine Iris von einer guten Iris klar unterschied. „Guck mal hier", sagte er und hob die Aussortierte wieder auf, „die putzt sich nicht. Hier blüht sie auf und am gleichen Stängel hängt das Verblühte matschig runter und stört. Und dann blüht sie doch im Laub, Junge! Die Blüte soll doch erkennbar sein und nicht erst nach langer Sucherei! Dann ist sie verwaschen. Ganz undeutliche Farbe. Das gefällt dir? Ne, die is' nix. Da musst du aber noch mal besser hinsehen!"

Ich war beschämt, weil jedes Wort stimmte und ich nichts davon gesehen hatte. Also habe ich beim weiteren Rundgang durch die Reihen von blühenden Schwertlilien genauer aufgepasst und dann festgestellt, dass die Zahl der Pflanzen, die allen Kriterien genügten, selbst bei der großen Zahl von Sämlingen in diesem Zuchtbeet, sehr überschaubar wurde. „Da, die ist gut!" habe ich gerufen und ihm eine Goldbraune mit violettem Bart gezeigt, „Da stimmt alles. Putzt sich, Aufbau, klare Farbe, gutes Laub. Die scheint auch wüchsig zu sein." Ich war begeistert von meinem Fund. Aber er, der große, weise Züchter, schaute nur kurz hin, zuckte die Schultern und sagte: „Ja, schön, kannste mitnehmen. Gibts schon." Ich war ratlos, was er bemerkte. „Ja, mein Jung, du willst ja auch was Neues züchten. Die is' nich' neu. Die sieht aus wie 'Gingerbread Man'. Das ist ein alter Hut, damit lockst du doch keinen Hund hinterm Ofen hervor. Aber nimma mit!" Und dann ging er weiter durch die Reihen. Merke, wer züchten will, ist gut beraten, das gesamt aktuelle Sortiment zu kennen. Sonst züchtet er Doubletten. Von den rund 500 Iris, die Lothar Denkewitz damals auf seinen Zuchtbeeten hinten im Garten erst bestäubt, dann ausgesät, pikiert, ausgepflanzt und nach zwei Jahren erstmals zur Blüte gebracht hatte, kamen vier (!) Iris in die nähere Auswahl. Diese vier mussten sich dann auch noch im nächsten Jahr bewähren und, das war das züchterische Hauptziel von Lothar Denkewitz, sie mussten auch das Hamburger Wetter überstehen. Nasse Winter und feuchte Sommer sind für Bart-Iris ein Dauer-Stresstest, den nicht jede durchhält. Und so kann es passieren, dass auch nach Jahren der Züchterei nur eine oder sogar keine Pflanze den strengen Kriterien genügt. Pflanzenzüchten bedeutet, einem klar definierten Züchtungsziel mit Arbeit, Geduld, einem guten Auge und jeder Menge Wissen nahezukommen.

Da hat man es mit Auslesen etwas einfacher. Denn da geht man einfach nur spazieren. So wie Rosemarie Eskuche, eine inzwischen verstorbene Gärtnerin aus Ostenholz in der Nordheide, und ihre Freundin Edith Dudszus. Beim Spazierengehen im Wald bemerkte die Gärtnerin vor Jahren ein Pfeifengras im Wald, das im Gegensatz zu den anderen Gräsern der gleichen Art im Winter sehr viel besser aussah. Sie merkte sich den Platz und beim nächsten Spaziergang fiel ihr wieder dieses eine Gras auf. Irgendwann nahm sie dann den Spaten mit zum Spaziergang und grub das hübsche Exemplar aus. Und da es nach langer Beobachtung in der Gärtnerei seine außerordentliche Schönheit behielt, gab man ihm einen Namen: *Molinia caerulea* 'Edith Dudszus'. Heute ist dieses Gras weltweit im Handel und gilt als das Pfeifengras mit dem besten Winterschmuck. So einfach wie es jetzt geschildert wurde, ist es natürlich nicht. Denn das Erkennen von etwas Besonderem setzt das umfassende Wissen um das Normale voraus. Es

gehört permanente Übung im Sehen und Erkennen dazu, um unter Tausenden von Pfeifengräsern im Wald das Eine, das Besondere zu entdecken. Diese Fähigkeit erwirbt man nur durch jahrelangen Umgang mit Pflanzen.

Und manche Menschen haben dazu eben eine besondere Begabung. Der große deutsche Gärtner Ernst Pagels hat mir erzählt, wie der holländische Gartengestalter Piet Oudolf ihn einmal in seiner Gärtnerei in Leer besuchte. Oudolf fuhr auf den Hof, stieg aus, begrüßte Herrn Pagels und schaute dann kurz zwischen den Gewächshäusern hindurch in das Staudenquartier. „Und da hat der Piet Oudolf auf die große Entfernung etwas in meiner Gärtnerei erkannt, was ich in der ganzen Zeit nicht bemerkt hatte. Nach nur zwei Minuten hatte er gesehen, dass da eine Schafgarbe in den vielen Schafgarben stand, die anders aussah. Auf die Entfernung! Das hatte der gesehen!"

Nachsatz: Ernst Pagels selektierte später selbst noch eine ganze Reihe von außergewöhnlich schönen Schafgarben. Und nicht nur die: Über 130 Auslesen sind seiner Beobachtungsgabe geschuldet – ein Großteil ist bis heute in den Sortimenten der Staudengärtnereien zu finden. Pagels legte übrigens auf eine Formulierung großen wert: Er sei „Staudenausleser, denn gezüchtigt habe ich nie."

Sieben gute Neuheiten

Heute werden Zeitschriften, Kataloge und letztlich Gartencenter alljährlich von pflanzlichen Neuheiten geflutet. Das Wort „neu" muss noch immer einen derartigen Kaufanreiz auslösen, dass es sich lohnt, Neues an prominenter Stelle zu präsentieren und Bewährtes dagegen in den hintersten Winkel zu platzieren. Das Wort „neu" wird von vielen mit „innovativ" oder „Verbesserung" gleichgesetzt, und das wollen wir ja schließlich selbst sein: innovativ und besser. Neues hat jedoch den Nachteil, dass es nach einiger Zeit nicht mehr neu ist. Dann wird das ehemals Neue ganz schnell wieder aussortiert. Ob das Neue eventuell auch gut war, ließ sich in der Kürze der Zeit natürlich nicht überprüfen, weil es dazu Zeit braucht.

Für viele traditionelle Gärtner, die sich eher den Attributen „ruhig", „entspannt" und „kontinuierlich" verbunden fühlen, verschließt sich dieser Neuheiten-Wahn. Früher war das anders, sagt man. Da haben Züchter ihre Zöglinge über Jahre, wenn nicht gar Jahrzehnte begutachtet, auf Krankheiten und Standfestigkeit überprüft und sämtlichen Wetterunbilden ausgesetzt (damals gab es noch richtige Winter!). Erst dann haben sie eines Morgens ihre für wertvoll befundene Selektion mit einem Jubelruf zur Sorte erklärt. Und dann dauerte es immer noch mehrere Jahre, in denen diese Pflänzchen mühevoll vermehrt wurden, bevor man sie letztlich für die Allgemeinheit zugänglich machte.

Und heute sollen „gute Auslesen" im gefühlten Sekundentakt möglich und dank In-vitro-Vermehrung im Labor binnen Wochen verfügbar sein? Das kann doch nicht sein. Oder doch? Trotz aller berechtigten Zweifel finden sich in der Neuheitenflut immer wieder Perlen. Bei genauerer Betrachtung handelt es sich bei diesen um alles andere als Eintagsfliegen. Die nachfolgenden Züchtungen und Zufallsfunde können nur ausdrücklich empfohlen werden.

1

2

1 Aster ageratoides 'Ezo Murasaki'

Auslesen der ostasiatischen Ageratum-Aster fanden Mitte der Neunzigerjahre über Nordamerika ihren Weg nach Europa. Vor allem die bekannte Pflanzplanerin Petra Pelz zeigte auf Gartenschauen, wie man mit ihnen pflegeleichte Pflanzungen gestalten kann. Einziger Makel war, wenn man so will, ihre fehlende Farbintensität. Es gab lediglich weiß und hellviolett blühende Typen. Um 2004 herum entdeckte ich bei einer amerikanischen Gärtnerei erstmals eine aus Japan stammende Sorte mit deutlich dunklerer Blüte – aufgrund der hohen Versandkosten zögerte ich noch. Zwei Jahre später fand ich sie dann im Sortiment einer niederländischen Gärtnerei wieder. Noch im Dezember bestellte ich zehn Exemplare und begann im Folgejahr mit der massenhaften Vermehrung durch Stecklinge – ein Aufwand, den ich mir hätte sparen können: Die Pflanze bildet nämlich viele kurze Ausläufer, die sich mit wenig Mühe von der Mutterpflanze trennen lassen. In der Folge wurde jeder meiner Freunde mit einem Exemplar bedacht, Gärtnereibesitzer auch mit mehreren. 'Ezo Murasaki' hielt, was ich mir versprach: Die Blüten beginnen im Oktober hell aufzublühen, um dann binnen weniger Tagen ins Dunkel-Purpurviolett umzuschlagen. Das Spektakel hält oft bis in den Dezember an. Neben der schon erwähnten Neigung zu Ausläuferbildung, die an halbschattigen Stellen in mageren, sehr trockenen Böden oft erwünscht ist, muss unbedingt das schöne, sattgrün glänzende Laub erwähnt werden, das 'Ezo Murasaki' vom Frühjahr an zur Pracht macht. Ein Rückschnitt im Juni mit der Heckenschere sorgt für eine bessere Verzweigung und Blüte.

2 Choisya × dewitteana 'White Dazzler'

Immergrüne Gehölze gehören nicht zwangsläufig zu meinen Lieblingen. Mich reizt eher der jahreszeitliche Wechsel. Vor ein paar Jahren fragte ich den anerkannten Gehölzexperten Andreas Bärtels für einen Artikel nach „Zukunftsgehölzen". In seinem Manuskript beschrieb er eine mir unbekannte Pflanze, die meine Neugierde weckte. Die tief eingeschnittenen Blätter ließen das Gehölz elegant, ja fast schon zierlich anmuten. Doch der Name ließ mehr vermuten: Orangenblume. Die weißen Blüten sollten nach Zitrusfrüchten duften. Und on top gibt es noch aromatisch riechende Blätter, versprach Bärtels.

Doch das war noch nicht alles: Die aus einer Kreuzung zwischen zwei subtropischen Choisya-Arten entstandene Sorte 'Aztec Pearl' zeigte trotz ihrer Abstammung eine erstaunliche Winterhärte. Ich begann mich für Orangenblumen allgemein zu interessieren. In England werden schon seit Jahrzehnten Auslesen mit gelbem Laub kultiviert, denen man aber eine geringere Winterhärte nachsagt. Inzwischen hat 'Aztec Peal' eine kleine „Schwester" bekommen: 'White Dazzler'. Sie wird kaum einen Meter hoch und gedeiht sogar im Kübel gut. Mehrjährige Versuche im eigenen Garten belegen inzwischen, dass beide Sorten hervorragende Pflanzen sind, die selbst in der Sonne gut gedeihen und lange blühen. Und was für ein Duft!

3

4

5

3 *Kniphofia* **'Papaya Popsicle'**

Es gibt Pflanzengattungen, mit denen man mehrfach schlechte Erfahrungen macht und es dennoch nicht lassen kann. Üblicherweise wird dies fortwährend bestraft. Eine Ausnahme bildete die Fackellilie 'Papaya Popsicle'. Es muss sich um eine Hybride handeln, denn mir ist keine Art mit vergleichbaren Eigenschaften begegnet. Die meisten Fackellilien stammen aus dem südlichen Afrika, wo es bekanntlich nicht ganz so kalt wird wie bei uns. Doch Afrika ist nicht gleich Afrika, und in den Drakensbergen, wo etliche Arten beheimatet sind, kann die Temperatur in den Wintermonaten unter null Grad sinken. Trotz dieses Wissens wollte bislang keine Fackellilie wirklich dauerhaft meinen Garten bereichern. Eines Tages fand jedoch 'Papaya Popsicle' den Weg zu mir. Im Vergleich zu anderen Sorten und Arten wirkt sie zierlich und schmächtig, sie wird nur halb so hoch (fünfzig Zentimeter), und ihr Laub ist so schmalblättrig, dass man es mit einem Gras verwechseln könnte. Doch die „kleine Feine" hat es in sich.

Sie blüht bereits ab Juni, remontiert („blüht nach") zuverlässig bis zum Winter und zeigt sich ausgesprochen vital. Und kein Winter konnte ihr bislang etwas anhaben. Die gelborange-roten Blüten sind nicht jedermanns Sache, aber ein untrügliches Zeichen von Sommer und Heiterkeit. Am besten gedeiht sie, so meine Einschätzung, in voller Sonne und in sandig-kiesigem Substrat.

4 *Helleborus* 'Anna's Red'

Während Christrosen inzwischen zu beliebten Saisonartikeln im winterlichen Gartencenter zählen, werden ihre nahen Verwandten, die Lenzrosen, dort nur selten gehandelt. Dies mag an ihrer späteren Blüte liegen (und der zu dieser Jahreszeit dann schon größeren Anzahl von im Flor stehenden Pflanzen), aber auch in einer schwierigeren sortenechten Vermehrung begründet sein. Einen farblichen wie jahreszeitlichen Brückenschlag bilden inzwischen zahlreiche Hybriden, die neuerdings auch Schneerosen genannt werden. Sie weisen durchaus attraktive Blütenfarben und Blattmusterungen auf. Ein Highlight in dieser Hinsicht ist 'Anna's Red', die seit ein paar Jahren meinen Garten an einem halbschattigen Platz bereichert. Sie blüht zunehmend reicher, und ihre marmorierten Blätter schmücken auch an den acht Monaten, in denen sie nicht blüht. Vier Monate Blüte? Ja. Je nach Witterung beginnt diese oft schon Ende Januar und hält bis in den Mai an. Die weinrote Blüte kommt vor allem im Gegenlicht vollends zu Geltung – bitte dies bei der Standortwahl berücksichtigen.

5 *Cotinus* 'Young Lady'

Perückensträucher fangen oft erst im Alter von zehn Jahren an, regelmäßig zu blühen. Dann sind die Sträucher auch schon gut und gerne zwei Meter hoch. Versucht der Gärtner, das Gehölz durch Beschnitt kleiner zu halten, dann kann er sich zwar am dekorativen Laub erfreuen, muss aber auf die fluffigen, cremerosa bis hellbraunen Blüten- und Samenstände verzichten. Nicht so bei der neuen Auslese 'Young Lady'. Sie wächst nicht nur langsam und bleibt insgesamt kleiner (sie wird kaum eins achtzig hoch), sondern blüht auch schon als „junge Dame". Das macht sie so intensiv, dass man über zwei, drei Monate hinweg kaum noch Blätter an ihr ausmachen kann. So viel „Perücke" bietet kein anderer Perückenstrauch.

Wer dazu einen schönen Kontrast sucht, dem sei die Cotinus-Hybride 'Grace' empfohlen. Während 'Young Lady' kompakt bleibt, bildet die doppelt so hohe 'Grace' lange Peitschentriebe. Bei ihr wechselt das Laub im Jahresverlauf mehrfach die Farbe: zunächst rot austreibend, dann bräunlich grün und zuletzt wieder leuchtend rot. Hinzu kommen die an Zuckerwatte erinnernden Blütenstände in kräftigem Rosa.

Besonders gut kommen Perückensträucher übrigens in Kiesgärten oder in Kombination mit Gräsern zur Geltung.

6

6 *Rodgersia* 'Cherry Blush'

Schaublätter sind dekorative Blattpflanzen für den Halbschatten und nicht vollends dunklen Schatten, die archaisch-tropisch anmuten. Dass die attraktiven Stauden vergleichsweise selten angeboten werden, hat vermutlich drei Gründe: Sie wachsen langsam, werden dann aber sehr groß. Sie gelten zudem als sonnen- und trockenheitsempfindlich (stehen sie dauerhaft frisch, vertragen sie auch deutlich mehr Sonne).

Die Züchter haben in den vergangenen Jahren glücklicherweise zahlreiche neue Sorten gezüchtet, die zum Beispiel bräunliches Laub im Austrieb zeigen oder durch reiche Blüte und dekorative Fruchtstände auffallen. Den Anfang hat – wie könnte es anders sein – Ernst Pagels gemacht, der mit 'Die Schöne', 'Die Stolze' und die 'Die Anmutige' ein Traum-Trio gezüchtet, Pardon, ausgelesen hat. Zur vollen Prachtentfaltung bedarf es allerdings Raum. Mit deutlich weniger Platz kommt dagegen die fast schon zierliche 'Cherry Blush' zurecht, selbst ein großer Kübel auf der Terrasse ist ausreichend. Auf die rötlichen Blütenstände folgen bräunliche, nicht minder attraktive Fruchtstände, die über Monate zieren. Das bräunliche Laub von 'Cherry Blush' zeigt sich erst Mitte Mai, daher kann man sie gut mit Blumenzwiebeln wie Hasenglöckchen kombinieren. Besonders gut entwickeln sich Rodgersien in humusreicher Erde.

7

7 *Bistorta amplexicaulis* 'JS Caliente'

Groß in Mode gekommen sind die Kerzen-knöteriche, die sowohl in der Sonne als auch im Halbschatten über Monate hinweg blühen (Juli bis Oktober). Groß ist inzwischen auch das Sortiment geworden. Der Laie wird Schwierigkeiten haben, Unterschiede zwischen den zahlreichen Sorten auszumachen, vor allem, wenn er eine „rote" haben will.

Unabhängig voneinander sind zahlreiche Liebhaber zu der Erkenntnis gelangt, dass die vom Belgier Jan Spruyt eingeführte 'JS Caliente' zu den besten gehört. Sie bleibt relativ kompakt, sieht ordentlich aus, blüht besonders reich und eignet sich sowohl für den Einzelstand als auch in größeren Gruppen. Manch Knöterich-Fan meint daher schon, dass die bis einen Meter hohe 'JS Caliente' ein Spießer wäre und greift lieber zu den wilderen, „leichteren" Sorten. Aber das muss jeder für sich entscheiden …

PS: Die Wahrnehmung, dass es sich bei den genannten Sorten um ausgezeichnete Neueinführungen handelt, ist nicht ganz subjektiv: *Kniphofia* 'Papaya Popsicle' und *Rodgersia* 'Cherry Blush' erhielten 2014 von der Internationalen Staudenunion (ISU) einen Neuheiten-Award, die guten Eigenschaften von *Bistorta amplexicaulis* 'JS Caliente' wurden unter anderem bei der *Perenne*-Begutachtung im Garten Alst notiert.

DREI *WÜNSCHE*

Noch bevor ich wieder das erste Unkraut oder eine unschöne Pflanzenkombination entdecken konnte und das Nirwana sich in Luft auflöste, sah ich sie auf meinem Knie sitzen. Vielleicht zehn oder zwölf Zentimeter groß, fast transparent, türkis schillernd mit einem Gesicht wie Audrey Hepburn. Eine Elfe! Das mit Audrey Hepburns Gesicht mag ich nicht beschwören, aber der Rest stimmt. Und noch während ich völlig perplex auf dieses Wesen starre, spricht es mit leiser, aber deutlicher Stimme zu mir: „Du hast einen schönen Garten angelegt. Ich persönlich hätte andere Gräser genommen und Epimedien sind nicht so mein Fall, aber er ist ganz nett geworden. Deshalb hast du drei Wünsche frei."

Natürlich fallen mir jetzt in dem Moment, in dem ich dies schreibe, großartige und weltbewegende Wünsche ein. Dinge, die immer schon nötig waren: den ewigen Frieden herstellen, die Wale retten, einen knotenfreien Gartenschlauch erfinden. Also irgendetwas Sinnvolles und Existenzielles. Stattdessen habe ich nur mit offenem Mund geglotzt und dann gesagt: „Ich hätte gerne drei verlässliche Stauden für trockene Schattenstandorte." „Och Gott, wenn's weiter nichts ist ...", antwortete die Elfe leicht eingeschnappt und verschwand in einer bläulichen Wolke. Ich hatte es vermasselt! Und vor meinen Füßen standen nun drei schwarze Stauden-Töpfe.

Ich schwöre, diese Geschichte ist wahr. Es war letzten Dienstag, so gegen fünf Uhr nachmittags und ich saß in meinem Garten auf der Bank. Ich habe mir angesehen, was ich im letzten Jahr neu angelegt habe. Nix Originelles, lauter Lieblingspflanzen, aber das Licht war so schön, es waren viele Hummeln und Schwebfliegen unterwegs und für den Bruchteil einer Sekunde war ich mit meinem Garten zufrieden. Ein Zustand knapp unterhalb der Erleuchtung.

WUNSCH 1:
Tanacetum macrophyllum

Ein cremefarben blühender, sehr robuster Rainfarn, der auf den ersten Blick aussieht wie eine Schafgarbe. Das Laub dieser bis anderthalb Meter hoch werdenden Staude sieht hübsch gefiedert aus und duftet aromatisch. Die Blütenstände können nach der Blüte im Juni und Juli stehen gelassen werden, weil sie dem Garten im Winter wunderbare Struktur geben. Wächst horstig und sät sich aus.

WUNSCH 2:
Aster ageratoides subsp. trinervius var. adustus Nanus

Bis sie den kompletten Namen dieser Pflanze einmal richtig ausgesprochen haben, hat diese späte, gesunde Aster bereits einen Teppich aus kleinen violetten Strahlenblüten im trockenen Schatten ausgebreitet. Und das bei nur dreißig Zentimetern Höhe. Geben Sie der Pflanze Platz und gleich starke Partner, denn sie erobert mit ihren Rhizomen große Flächen im Garten!

WUNSCH 3:

Epimedium pinnatum subsp. *colchicum*
'Black Sea'

Diese vierzig Zentimeter hohe Elfenblume ist äußerst robust, wächst tatsächlich bis an den Stamm von Gehölzen heran und erscheint im Frühling mit primelgelben Blüten mit orangen Streifen. Zu einer wirklich auffallenden und begehrenswerten Pflanze wird sie aber durch ihr fantastisch glänzendes Laub, das im Herbst von Dunkelgrün zu einem auberginenfarbigen Ton im Winter wechselt.

Ich weiß, dass ich mir etwas wirklich Wichtiges hätte wünschen sollen und dass ich eine Chance vertan habe, die ein Mensch nur einmal im Leben bekommt. Aber mit diesen drei Pflanzen können Sie jetzt Stellen in Ihrem Garten bepflanzen, an denen vorher nie etwas wuchs. Und das ist ja auch was! Unter großen Bäumen, Buchen zum Beispiel, Eichen oder Birken, im trockenen Schatten also, können Sie mit ein bisschen Vorbereitung durch Bodenlockerung und das Einarbeiten von Komposterde eine großartige Staudenpflanzung anlegen, die lange blüht und schönes Laub bietet. Perfekte Ergänzung dazu könnten Frühblüher wie Buschwindröschen und Elfenkrokus sein. Schwachwüchsige Stauden hingegen würde ich weglassen, die wären mit diesen drei Partnern überfordert.

Und sollte die Elfe nochmal zu mir kommen, mache ich es wie die englische Band The TV Personalities:

If I had three wishes,
I'd wish for three more.

Wie geht's?

Geht's gut? Ja? Tut nichts weh? Fühlt sich nichts komisch an? Nein? Schön, dann fehlt Ihnen der Pschyrembel. Der Pschyrembel ist ein Buch und heißt richtig „Pschyrembel Klinisches Wörterbuch", hat über zweitausend Seiten und ist momentan in der 266. Auflage! Was Hansen/Stahl für Staudenfreunde, ist der Pschyrembel für Mediziner. Wegen der zweitausendfünfhundert farbigen Abbildungen von ekligen Krankheiten, Deformationen und Geschwüren an ungeahnten Stellen ist es aber auch ein steter Quell der Freude für Hypochonder wie mich. Ein kurzer Blick in den Pschyrembel, egal auf welcher Seite, und schon fühlt man sich porös. Da, was lese ich? Erhöhte Echinozyten-Werte, rote Ohren und Taubheitsgefühl im Fersenbereich? Hab ich alles! Scheiße, Milzbrand! Oder gar eine Pyruvatkinaseinsuffizienz? Egal, jetzt schnell den Text zu Ende bringen, denn der Sensenmann steht vor der Tür.

So ähnlich ergeht es mir mit der Rubrik „Gartenprobleme" in der Zeitschrift „Gartenpraxis". Auf den Seiten bleibe ich immer hängen. Ein Pschyrembel für Gärtner mit ebenso wunderbaren Bildern: rissige Rinde, verdorrte Blätter, Flecken, Pilze, Viren, Schleim und krumpeliger Wuchs. Euphorbien-Schorf, Paeonien-Pest, Hosta-Bohrer, Sedum-Wickler, Astern-Schwamm und Rodgersien-Rüssler. Waren die wirklich auch alle mit auf der Arche Noah?

Oder die Phlox-Welke. Ganz neu. Erste Symptome der Krankheit sind häufig tadelloser Wuchs und reiche Blüte. Wer jetzt nicht aufpasst hat verspielt. Prophylaktisch könnte nächtliches Dämpfen des Bodens helfen. Muss aber nicht. Diesem Frühstadium des Siechtums wird meist nicht genügend Beachtung geschenkt, lese ich. Denn nun schreitet die Krankheit schnell voran. Schon zwölf Jahre später sind Kümmerwuchs, Aufplatzen der Stängel und Tod der Staude garantiert. Jedenfalls manchmal. Auf alle Fälle wird zu einem kompletten Bodenaustausch bis mindestens zwei Meter geraten. Oder zu einem Grundstückswechsel.

Mit dem Heft in der Hand schaue ich auf meinen Phlox. Der steht zwar seit Jahren da wie eine eins und blüht fantastisch, kommt mir jetzt aber eigenartig verkrümmt vor. Irgendwie komisch. Auf gar keinen Fall gesund, sondern schrecklich schlapp. Da geht's dem Phlox wie mir. Was schreibt der Pschyrembel eigentlich zur Phlox-Welke beim Menschen?

Mein schöner Beruf

(Teil I)

Ich habe neulich im Radio gehört, dass ein Australier sich sehr darüber gewundert hat, dass die Deutschen, wenn sie andere Menschen kennenlernen, zum Beispiel auf einer Party, ihr Gegenüber umgehend nach dem Beruf fragen. Ich kann diese Beobachtung nur bestätigen und füge hinzu: Ich bin Sachbearbeiter bei einer Versicherung. Jedenfalls dann, wenn ich auf einer Party bei Fremden bin. Diese Lüge ist eine reine Schutzbehauptung. Denn die Erfahrung zeigt, dass, wenn ich auf die Frage nach meinem Beruf „Gärtner" geantwortet habe, ich in kürzester Zeit in den Garten gebeten werde. Hier soll ich dann den richtigen Schnitt von Magnolien erläutern, blätterrieselnde Buchsbäume heilen und Rezepte gegen Giersch geben. Findet die Party in einer Wohnung statt, wird mir dann eine Palme präsentiert. Ich glaube es ist eine Palme, denn ich habe von Zimmerpflanzen so viel Ahnung wie ein Hochseefischer von Silberfischchen. Trotzdem wird von mir verlangt, ein braungrünes Gewächs zu retten, das bereits vor Jahren bei Ikea tot im Regal stand. Ich greife dann tief in den Fundus des gärtnerischen Fachwissens und gebe Ratschläge, wie „Nicht so viel gießen" oder „Häufiger mal gießen".

Nein, wenn es sich irgendwie vermeiden lässt, gebe ich auf Veranstaltungen dieser Art nicht bekannt, was ich beruflich mache. Das sollen, so habe ich gehört, Ärzte genauso machen. Denen werden nämlich mysteriöse Symptome geschildert und fremde Menschen entkleiden sich ungefragt am kalten Buffet, um nässende Stellen am Rücken zu zeigen – „Nur mal einen kurzen Blick drauf werfen. Ich hab das schon seit zwei Jahren."

Verfahrenstechniker oder Hauptabteilungsleiter in der Lohnbuchhaltung hingegen können völlig ungestört Essen, Trinken und Musik genießen, ohne von ihrer Arbeit erzählen zu müssen.

Wobei ich feststelle, dass der Beruf des Gärtners durchaus beliebt ist. Immer an der frischen Luft. Immer gesunde Bewegung. Und Erde, Pflanzen und Tiere und so. Gärtner wären sie auch gerne geworden, erzählen mir dann die Hedgefond-Manager und Patentanwälte. Kann ich mir denken. Das sind ja auch recht wesensverwandte Berufe. Und was machen Sie im Winter, werde ich dann gefragt, denn da gibt's ja keine Blümchen? Ich antworte dann: „Ich arbeite im Winter gerne in Neufundland als Robbenschläger. Immer frische Luft, Bewegung und viel Natur um mich herum." Jetzt kann ich auch endlich ungestört ans kalte Buffet.

1969 | *Harry Pötschke mit seiner Margariten-Züchtung, Goldmedaillen-Gewinner der Euroflor.*

1971 | *Zeichnung: „Erfolg im Garten unbedingt - Dir der Gärtner Pötschke bringt.*

1991 | *Werner Pötschke auf dem Titel des Gartenkatalogs – so stellt man sich einen Gärtner vor.*

1970 | *Werner Pötschke als Gast in der Ratgebersendung „Die Gartenecke" von RTL.*

1995 | *Werner Pötschke bei der Selektion neuer Stauden.*

2017 | *Tagesblättchen aus dem Gartenkalender „Der grüne Wink".*

2015 | *Tagesblättchen aus dem Gartenkalender „Der grüne Wink".*

1982 | *Cornelia Pötschke-Kirchhartz leitet in dritter Generation das Unternehmen.*

1971 | *Gartenidylle pur: „Die Vögel singen Dur und Moll und draußen blüht es wundervoll!*

GÄRTNER PÖTSCHKE

Nur ganz, ganz selten gelingt es Unternehmen, eine Werbefigur zu entwickeln, die über Jahrzehnte nicht nur zu ihrem Markenzeichen wird, sondern dem ganzen Berufsstand einen Stempel aufdrückt. „Gärtner Pötschke" vom gleichnamigen Garten- und Pflanzenversand aus Kaarst am Niederrhein ist so eine Werbefigur. Würde man eine Umfrage unter den Deutschen machen, wie ein Gärtner auszusehen habe, dann würde die Mehrheit vermutlich eine „Gärtner Pötschke"-ähnliche Beschreibung abgeben. Doch gab es „den" Gärtner Pötschke wirklich?

„Eigentlich gab es ihn sogar zweimal", erzählt Cornelia Pötschke-Kirchhartz, die das Unternehmen in dritter Generation führt. „Begründet wurde das Unternehmen von Harry Pötschke (1884–1970), der zunächst Friedhofs- und Stadtgärtner in Bautzen war. Während der Lehrzeit erkannte er, dass die Versorgung mit frischem Samen schwierig war. Er begründete zunächst nebenberuflich ein Sammelbestellsystem, um diesem Mangel zu begegnen. Auch sein 1910 geborener Sohn Werner, mein Vater, musste zunächst eine Gärtnerlehre durchlaufen, wobei er viel lieber Verlagskaufmann geworden wäre." Eben jener Werner Pötschke zeichnete in seiner Jugend ein gärtnerndes Strichmännchen, das er wenig später noch von einem Grafiker vervollkommnen ließ – geboren war der „Gärtner Pötschke". Nach dem Zweiten Weltkrieg musste der Unter-

nehmenssitz von Arnstadt nahe der „Samenhauptstadt" Erfurt, wo man seit 1934 ansässig war, nach Westdeutschland verlegt und das Geschäftsmodell überdacht werden: aus Sammel- wurden Einzelbestellungen. Mit der Geschäftsübernahme durch Werner wurden der Katalog, die Bücher und der berühmte Abreißkalender zu Aushängeschildern des Versandhauses – und aus allen Publikationen grüßte die gut gelaunte, liebenswürdige Gärtnerzeichnung. Mit zunehmendem Alter verfiel Werner Pötschke dem Gedanken, selbst in die Rolle des gut gelaunten Gärtners zu treten. „Mein Vater wurde von Jahr zu Jahr mehr zu dem ‚Gärtner Pötschke', den er als junger Mann gezeichnet hat. Er ließ sich den Bart wachsen, kleidete sich entsprechend und trug fortan einen Strohhut", erzählt seine Tochter. „Es kam sogar vor, dass sich Leute bei der vermeintlich durch das Unternehmen wandelnden Werbefigur erkundigten, wo es zur Geschäftsleitung geht", erinnert sich Cornelia Pötschke-Kirchhartz. „Die Kunden liebten den ‚lebendigen Gärtner' so sehr, dass wir uns entschieden haben, ihn auch nach seinem Tod (1999) im Katalog am Leben zu erhalten.

„Wäre es nicht zeitgemäß, einmal eine ‚Gärtnerin Pötschke' zu zeigen? Mein Vater gehört zum Katalog. Dafür habe ich einen Youtube-Channel, in dem ich Gärtnertipps gebe. Das passt besser zu mir", ist sich Cornelia Pötschke-Kirchhartz sicher.

...UND WIE GÄRTNER HEUTE AUSSEHEN.

GERHILD DIAMANT
Staudengärtnerei Diamant,
Duisburg

THOMAS EIDMANN
Staudengärtnerei Eidmann,
Groß-Umstadt

ANNEMARIE ESKUCHE
Staudengärtnerei Eskuche,
Ostenholz

EWALD HÜGIN
Gärtnerei Hügin,
Freiburg

JANA HOLZBECHEROWA
Gärtnerei Holzbecher,
Lelekovice (CZ)

THOMAS KIMMICH
Zürcher Hochschule für Angew.
Wissenschaften, Wädenswil (CH)

ANDREAS KIRSCHENLOHR
Stauden Kirschenlohr,
Speyer

CHRISTIAN KRESS
Sarastro Stauden,
Ort im Innkreis (A)

GEORG MAYER
Gärtnerei am Nassachtal,
Uhingen

FINE MOLZ
Die Staudengärtnerei,
Rödelsee

JAN MOLZBERGER
Staudengärtnerei Teske,
Pritzwalk

MICHAEL MÜNCH
Botanischer Garten,
Wien

SVEN NÜRNBERGER
Palmengarten,
Frankfurt

JULIA SCHMOLDT
Staudengärtnerei „Klützer
Blumenkate", Klütz

JAN WEINREICH
Floragarten Weinreich,
Wolmirstedt

ANDREAS WIEDMAIER
Wiedmaier lebendige Gärten,
Freiburg

ICH *UND DIE HOPIS*

Ich habe kürzlich ein Buch in der Hand gehabt, in dem gärtnernde Menschen sich mit ihrer Dreiblattspiere unterhalten und diese ihnen dann erzählt, sie käme aus Atlantis. Der Verlag, in dem dieses Buch erschienen ist, machte bisher eigentlich einen ganz normalen Eindruck.

Ich finde, dass die Zahl der merkwürdigen Menschen steigt. Dabei interessieren sich überproportional viele merkwürdige Menschen für Gärten. Ich soll mir den Garten von Karin beratend ansehen. Sie kennt meine Texte und meint: „Du bist der richtige Mensch für die Umgestaltung meines kleinen, wilden Paradieses". Da darf man denn auch gleich mal geduzt werden.

Karin bittet mich, sie Kuwanyauma zu nennen. Karin wäre ihr Name für die Steuer und für die Post, aber Kuwanyauma wäre ihr richtiger Name, den man ihr schon vor Jahrhunderten gegeben hätte. Bei den Hopi-Indianern. Denn eigentlich wäre sie eine Hopi und nur durch einen Fehler in Hamburg als Deutschlehrerin gelandet. Bis heute spielt das Schicksal den Indianern grausame Streiche.

Karin-Kuwanyauma sagt, ich soll den Garten erfühlen. Er hätte sehr starke energetische Schwingungen und nur ich wäre in der Lage, diese von den Erdgeistern zu erfahren. Diese Fähigkeit spräche aus meinen Texten über die Blumen. Als Autor, der seine kleinen Aufsätze mutig in die weite Welt hinausschickt, weiß man ja nie, was ihnen passiert und wer ihnen begegnet. Aber man muss wohl mit allem rechnen.

Karin-Kuwanyaumas Garten entsprach gar nicht dem, was ich mir laienhaft unter einem Hopi-Garten vorgestellt hatte. Es kann natürlich sein, dass Giersch und Quecke eine tiefe Bedeutung in der Mythologie der Indianer haben. Welche feinstoffliche Qualität eine Hollywoodschaukel ohne Sitzbank, hundert Plastiktöpfe mit verstorbenen Pflanzen und eine Sammlung von Fahrradwracks hat, kann ich ehrlich gesagt nicht beurteilen. Es sah hier genauso aus, wie ich es mal in einem deprimierenden Film über deprimierte Indianer in einem Reservat gesehen habe.

Ich halte Karin-Kuwanyauma einen Vortrag über Lebensbereiche nach Hansen und Stahl und gebe einen Zwischenstand der Strategietypen-Theorien in der Staudenverwendung. Karin-Kuwanyauma hält mir einen Vortrag über Erdgeister und den derzeitigen Stand ihrer diversen Wiedergeburten. Ich habe das Gefühl, wir reden aneinander vorbei. Die Gartenbesichtigung endet schnell und unerquicklich, weil ich ohne es zu ahnen, einen wichtigen Vitalpunkt im Garten zerstört hatte. Denn dumpf und unsensibel für energetische Installationen hielt ich den aus dem Gehweg ragenden Stein für eine Nachlässigkeit des Pflasterers und versuchte ihn also, mit ein paar kräftigen Tritten mit dem Absatz wieder „anzugleichen".

Ich habe mir an dem Abend den Western „Der Schwarze Falke" angesehen. Es geht in dem Film um den Rachefeldzug eines Cowboys (John Wayne) gegen die Indianer. An diesem Abend hatte John Wayne erstmals meine volle Sympathie.

Nebentätigkeit

Eine Kollegin hat mir mal erzählt, sie würde es sehr schätzen, wenn sie bei Kunden auch als Paartherapeutin tätig werden könnte. Es wäre doch schön, wenn ein Ehepaar durch ihre Arbeit im Garten wieder zueinanderfinden würde. Ja, das finde ich auch schön. Noch schöner fände ich es allerdings, wenn die Menschen ihre Eheprobleme ohne den Gärtner lösen würden. Am besten bevor die Baubesprechung beginnt.

Oft beginnt das Unheil so: „Der Herr Pfenningschmidt ist auch der Meinung, dass der Baum viel zu groß ist!" Aha, jetzt weiß ich, dass es sein Baum ist, dass er ihn in den Garten gepflanzt hat und sie ihn nicht mag und nie mochte (den Baum). Und dass es wegen diesem Thema schon seit über zehn Jahren Stress gibt. Und dass sie jetzt meint, mit dem Herrn Pfenningschmidt endlich einen Verbündeten gefunden zu haben, um ihn fertigzumachen (den Baum und ihren Mann). Und dass ich jetzt weiß, warum der Mann mich sauer anguckt, ich aber nicht weiß, wie ich hier unbeschadet wieder herauskommen soll.

Unerfreuliche Gespräche zwischen Ehepartnern entwickeln sich häufig mit hoher Schnelligkeit und einer extremen Dynamik. Wie bei einer Lawine. Und wie Ihnen jeder Lawinenforscher bestätigen wird, werden die schlimmsten Lawinen nicht durch wirklich existenzielle Gespräche ausgelöst, sondern dadurch, dass jemand an der falschen Stelle nur „Hallo!" gerufen hat. Ich sitze zwischen dem Ehepaar und es geht um die Rasenfläche. „Also, ich brauch' da nicht so einen großen Rasen. Den muss ich dann ja eh nur mähen", sagt er. „Als wenn du immer den Rasen mähen würdest. Bist ja sowieso nie da", kommt die Antwort von ihr. „Ja, weil ich vielleicht arbeite wie blöde, um das hier alles zu bezahlen?" Ab jetzt gewinnt das Gespräch rasant an Fahrt. Ich bekomme nur noch einzelne wichtige Wegmarken des weiteren Verderbens mit: „Ach, wo wären wir denn ohne die Kohle meiner Eltern?" „Aber dein Motorrad, das können wir uns leisten?" „Ja, warum haste den denn nicht geheiratet, wenn der so sensibel ist, der Loser?" „Wer wollte denn Kinder?"

Spätestens jetzt ist es Zeit, sich ernsthaft Sorgen zu machen, ob ich hier als Gärtner noch einen Job habe. Die Chancen stehen eher schlecht. Aber als Paartherapeut, da habe ich hier gut zu tun!

Die *Giersch-*
FRAGE

Kaum erwähnenswert ist die Tatsache, dass ich meine gärtnerischen Gene von meiner Mutter geerbt habe. Schon eher, dass wir beide seit über einem Vierteljahrhundert auf gleicher Fläche mit- und gelegentlich gegeneinander gärtnern. Besonders deutlich werden unsere unterschiedlichen Weltanschauungen beim Thema Unkraut.

Ein vollkommener Gartentag endet für meine Mutter gegen neunzehn Uhr auf dem Wohnzimmersessel, auf dem sie sich trotz Schmerz- und Magnesiumtabletten kaum aufrecht halten kann. Davor hat sie ein größeres Beet komplett aufgenommen, also jede Pflanze ausgegraben, porentief von allem Verdächtigen befreit, den verbliebenen Boden krümelfein gesiebt, alle Pflanzen neu platziert und unzählige Schubkarren Unkraut auf den Kompost befördert.

Ich dagegen bevorzuge den 3-T-Ansatz: Theorie-Taktik-Toleranz. Dank Pflanzensoziologen ist nämlich bekannt, dass es drei Strategie-Typen gibt: Konkurrenzstarke, Stresstolerante und sogenannte Ruderale, die unbewachsene Plätze besonders schnell einnehmen können. Fast jede Pflanze trägt alle drei Strategietypen in sich, aber eben in unterschiedlicher Intensität. Auf „Normalstandorten",

was die Mehrzahl unserer Gärten nun mal sind, werden sich auf Dauer und bei Unterlassung von Störungen, also zum Beispiel Hacken oder Umgraben, die Konkurrenzstärksten durchsetzen. Demzufolge muss zunächst der „Feind" im Beet lokalisiert, sein Ausbreitungsverhalten studiert und durch passende „Partner" konkurriert werden. Meine Mutter meint: Ich bin – zumindest was das Unkrautjäten angeht – einfach nur faul.

Unser latent ausgetragener Konflikt wird immer dann prekär, wenn es um den Giersch geht. Dieses relativ unscheinbare Unkraut schafft es durch gemeine unterirdische Triebe, große Flächen einzunehmen und viele geliebte Pflanzen zu verdrängen. Bekannte Unkrautvernichtungsmittel, die wir ohnehin nicht bei uns im Garten verwenden, erwiesen sich bislang erfolglos. Meine Mutter meint: Gegen Giersch helfen nur konzentrierte Aktionen, soll der Garten nicht dem Untergang geweiht sein.

Mein Verhältnis zu Giersch ist entspannter: Ich finde ihn, wenn er zur Blüte kommt, sogar ganz passabel. In Gärtnerkreisen kursiert seit Jahren ein aus England stammendes Bild, auf dem lieblich-weiße Giersch-Dolden wunderbar mit weißen Rosen harmonieren.

„Ohhhhh, wie schön!" Ja, wirklich eine Traumkombination, bis der Betrachter erfährt, das er hier gerade Rosen und blühenden Giersch angehimmelt hat. Dann ist schnell Schluss mit lustig.

Um unseren innerfamiliären Konflikt zu verlagern, habe ich vor ein paar Jahren ein Experiment vorgeschlagen. Ich wollte eine Randfläche, auf der der Giersch schon sein Unwesen trieb, erhalten und um weitere konkurrenzstarke Pflanzen bereichern. Vor meinem geistigen Auge ergaben sich mit Bergenien, Wald-Astern, Florentiner Goldnessel und Gundermann attraktive Blatt- und Blütenkombinationen. Im Frühsommer, so meine Vorstellung, sollten die Giersch-Dolden der Fläche einen weißen Schleier verleihen.

Um es kurz zu machen: Das Experiment ist gescheitert, weil der Giersch binnen zwei Jahren komplett verschwand. Auskonkurriert, wie ich befand. Meine Mutter meint: In einer geheimen Nacht- und Nebelaktion von mir entfernt und verbrannt.

Ein lieber alter Freund

Eine Kollegin hat mir neulich ein beeindruckendes Foto aus ihrem Pflegegarten gezeigt: Sehr schöne weiße Rosen standen in einem Meer aus duftigen weißen Doldenblüten. Das klingt erstmal nicht sehr originell. Der anmutige Rosenpartner heißt aber *Aegopodium podagraria* oder Giersch mit deutschem Namen, und jetzt wird's interessant. Die Kollegin arbeitet nicht irgendwo, sondern betreut den Garten eines englischen Herrenhauses. Wir können also davon ausgehen, dass die Rosen-Giersch-Kombination kein Zeichen von Verwahrlosung ist, sondern eine bewusste Pflanzung. Warum eigentlich nicht?

Ich höre den Aufschrei: Wuchert! Vom Nachbarn! Unkraut! Der ganze Garten voll ... Jedes Jahr drei Schubkarren ... usw. Die Abneigung gegen Giersch ist beinahe schon eine Phobie. Giersch ist die Nacktschnecke unter den Pflanzen. Schluss mit öko, kein Pardon mehr.

Kaum ein Kundengarten, in dem nicht die erste Forderung lautet: „Der Giersch muss weg." Trotz aller Bemühungen: Weg ist er natürlich nie. Er sitzt im Wurzelwerk der Sträucher und im Zaun und lauert dort auf seine Wiedergeburt.

Versuchen wir es einmal anders. Schauen wir uns nach Pflanzen um, die genauso robust und gut wachsen wie unser heimischer Doldenblüher. Hat Giersch gleich starke Partner, wird er zu einem Teil der Pflanzung und nicht zum alles beherrschenden Unkraut. Es kommt also auf das Ensemble an. Giersch hat da nichts zu suchen, wo kleine und zierliche Pflanzen wachsen sollen. Pflänzchen, die zimperlich sind und fünf Jahre für drei Blätter brauchen, sind mit Giersch natürlich völlig überfordert. Aber solche Pflanzen stehen in der Regel auch im Vordergrund eines Beetes, wo man sie genauer betrachten und pflegen kann. Diese Spezialitäten-Ecken frei zu halten vom Geißfuß – so der andere deutsche Name des Gierschs, sollte eigentlich schon gelingen.

Vielleicht hilft eine kleine Auswahl an Stauden, die wir auf den nächsten Seiten vorstellen, das Problem Giersch einmal etwas entspannter und kreativer anzugehen. Und wenn gar nichts mehr geht, stellen Sie sich einfach vor, Sie hätten ihren Giersch auf der letzten England-Reise für ein kleines Vermögen erworben und er wäre wahnsinnig selten. Dann sieht man selbst das fieseste Kraut mit ganz anderen Augen.

GEGEN den Giersch

Die, wie wir finden, angenehmste, bequemste und schönste Methode der Giersch-Bekämpfung ist die Eindämmung durch Konkurrenz. Starke Pflanzen, die dem deutschen Lieblingsunkraut Nährstoffe, Wasser, Licht und Platz streitig machen. Acht Pflanzen, mit denen das mit Sicherheit funktioniert, stellen wir Ihnen hier vor.

Lunaria rediviva
der Ausdauernde Silbertaler

Blüht nicht nur hübsch im April mit hellvioletten Kreuzblüten, sondern hat im Winter silbernen Fruchtschmuck, schatten- bis halbschattenverträglich.

Geranium gracile 'Sirak'
ein Storchschnabel

Geranium mit großen lilarosa Blüten, der auch sehr gut Trockenheit und Halbschatten verträgt, kräftig wächst, aber nicht wuchert.

Bistorta amplexicaulis
der Kerzenknöterich aus dem Himalaya

Der Dauerblüher im Hochsommer und Herbst.
Zahlreiche Sorten ermöglichen mittlerweile
die Auswahl von weißen, rosa, orange bis
tiefroten Blüten und Pflanzen von vierzig
Zentimetern bis einem Meter achtzig Höhe,
sonnig bis halbschattiger Standort.

Hosta plantaginea 'Royal Standard'
eine ältere Funkien-Sorte

Glänzend grünes Laub, kräftiger Wuchs
und weiße Blüten mit herrlichem Duft,
schattig bis halbschattig pflanzen.

Aster divaricatus
die Amerikanische Wald-Aster

Bringt den schattigen Garten im Herbst zum
Leuchten. Sehr konkurrenzstarke Pflanze, die auch
verblüht im Winter mit Samenständen attraktiv
aussieht. Gut im Schatten bis Halbschatten.

Aruncus × 'Horatio'
eine Geißbart-Hybride

Treibt im Frühling mit rötlichem Laub aus
und blüht im Juni und Juli mit feinen, weißen
Rispen in achtzig Zentimetern Höhe.
Braucht Zeit, um sich zu etablieren, wird dann
aber Jahr für Jahr schöner und wirkungsvoller.
Verträgt schattige bis halbschattige Standorte.

Inula magnifica 'Sonnenstrahl'
ein Alant

Seine riesigen Blattrosetten können über Giersch
nur lachen. Feine, tiefgelbe Blüten locken in
zwei Meter Höhe zahlreiche Schmetterlinge an.
Sonniger bis halbschattiger Standort.

Aconogonon 'Johanniswolke'
ein Bergknöterich

Eine perfekte Pflanze (eine pro qm) für den
Hintergrund des Beetes – also am Zaun des
Nachbarn, von wo der Giersch ja immer einwan-
dert. Sonniger bis halbschattiger Standort.

Mein schöner Beruf

(Teil II)

Auf dem Lastwagen vor mir stand: „Gartendienst XY: Entrümpelung – Gartengestaltung – Altölentsorgung – Treppenhausreinigung". Die vier Reiter der Apokalypse waren unterwegs in einem Hamburger Vorort, in dem man gärtnerische Qualitätsarbeit anscheinend zu schätzen weiß. Die Synergieeffekte zwischen Altölentsorgung und Gartengestaltung mag ich mir gar nicht ausmalen. Auf jeden Fall gibt mir diese Aufschrift die Gelegenheit, über das angeschlagene Image dieses wunderbaren Berufs nachzudenken.

Bevor ich mich entschied, Gärtner zu werden, habe ich warm und gepflegt in einem Verlag gearbeitet und meine Mutter war stolz auf mich. Meinen beruflichen Wechsel nach draußen hat sie hingegen mehrere Jahre vor ihrem Freundeskreis verheimlicht. Sozialer Aufstieg sah für meine Mutter wohl anders aus.

Aber sie hat ja Recht. In der Liste der angesehensten Berufe taucht der Gärtner überhaupt nicht auf. Ich habe es gegoogelt. Gärtner sind unter den zweihundertfünfzig angesehensten Berufen nicht zu finden. Eher möchten die Menschen Schweinemastbetreiber oder Hassprediger werden. Es gibt auch eine Liste der attraktivsten Berufe. In der Zeitschrift Men's Health heißt das „Frauen verraten die heißesten Männer-Berufe mit Sexappeal". Astronaut, Feuerwehrmann und Pilot belegen da die ersten Plätze. Ich hatte eigentlich gedacht, dass Frauen heute schon weiter wären. Auf jeden Fall spielen Gärtner auch hier überhaupt keine Rolle.

Gärtner sind nicht angesehen, Gärtner sind nicht sexy, Gärtner werden geduzt. Bei der Anlage einer Pflanzung im öffentlichen Grün musste ich mehrere Tage eine orangefarbige Warnweste tragen und bin deshalb permanent von Passanten angesprochen

worden. „Pass mal auf", sagten sie, „da hinten beim Bahnhof liegt auch noch ganz viel Müll. Den kannst du gleich mit aufsammeln." Das muss meiner armen Mutter wohl durch den Kopf gegangen sein, als ich von meinem Entschluss erzählte, meine Zukunft an der frischen Luft zu verbringen.

Ich weiß schon, was Sie jetzt denken: Der redet immer nur von Geld und Ansehen, Image und Sexappeal. Aber es geht doch um die Liebe zur Arbeit. Die Erfüllung.

DIE BERUFUNG.

Ja, das habe ich auch gedacht. Bis ich kürzlich bei der Arbeit gehört habe, was der Kunde zu seinem lernunwilligen Sohn gesagt hat: „Du brauchst Dir keine Mühe zu geben in der Schule. Mach nur so weiter. Dann darfst Du später auch sowas machen wie der Herr Pfenningschmidt."

Das Kind ist sofort ins Haus gegangen und hat seine Schularbeiten gemacht.

LUCY *und ich*

Etwas, was ich an meiner Arbeit besonders schätze, ist der Umgang mit richtigem Werkzeug. Gutes, solides Werkzeug. Dinge, deren Benutzung sich selbst erklärt und für die ich weder eine Gebrauchsanleitung in achtundzwanzig Sprachen, noch eine Installations-CD benötige. Das geht einfach so. Da steht ein Spaten. Der hat einen Griff, einen Stiel und ein Blatt. Und da ist der Boden. Und nun fang an zu graben!

Und dann fängt man an. Und gräbt. Und fühlt sich eingebunden in die lange Geschichte der Menschwerdung. Ja, so muss es vor drei Millionen Jahren gewesen sein. Da lebte unser aller Vorfahrin Lucy im ostafrikanischen Graben und hatte gerade das aufrechte Gehen gelernt. Das war eine tolle Sache, aber was jetzt noch fehlte, war eine sinnvolle und befriedigende Beschäftigung. So etwas wie Boden umgraben zum Beispiel. Aus dieser Überlegung entstand der Spaten. Anfangs vielleicht noch mit T-Griff und nicht gleich mit Bremer Blatt, aber doch ziemlich ähnlich. Kurze Zeit später wurde die vernünftige Rosenschere entwickelt und die unverzichtbare Wiedehopfhaue. So ausgerüstet begannen der Aufstieg der Menschheit und die Eroberung der Welt durch den Hominiden.

Ich bin kürzlich bei der Inbetriebnahme eines Kopfhörers gescheitert. Eines Kopfhörers! Bis dahin habe ich das für komplett unmöglich gehalten. Was soll daran schwer sein? Anstöpseln, aufsetzen, fertig.

Aber es ist passiert. Ich musste also am nächsten Tag zurück in die Elektronik-Supermarkt-Hölle und mich von drei jüngeren Männern erniedrigen lassen. Ich schilderte mein Problem, sah das wissende Grinsen der drei Elektronikfachverkäufer und dann kam die Frage: „Haben Sie denn auch vor Inbetriebnahme den Relaunch Ihres Endabnehmers durchgeführt? Sehen Sie. Und an das Update der Hardware Remote Komponenten haben Sie daran gedacht? Aha, dafür gibt's aber eine Gebrauchsanleitung. Da steht das nämlich drin." Die drei schütteln abschätzig den Kopf und ich werde ein Teil der Auslegeware. Als ich davonschleiche, höre ich noch die Bemerkung „Erstaunlich, dass sich so einer überhaupt ohne Hilfe die Schuhe binden kann." Gelächter.

Die Fahrt nach Hause war begleitet von wilden Gewaltfantasien. Und dann taucht ein Bild vor mir auf: Eine weite, trockene, sonnenflirrende, ockerfarbene Ebene. Tierherden ziehen durch die endlose Savanne. Und mittendrin sitzt Lucy, unser *Australopithecus afarensis*, vor der Mitteilung „Vielen Dank, dass Sie sich für das Evolutionsprogramm von Softapple entschieden haben. Bitte geben Sie zunächst Ihren Sicherheitscode und Ihre vierstellige Pin-Nummer ein. Diese befindet sich auf der Installations-CD, die Sie gerade mit den Worten „Brauch ich nicht" weggeworfen haben."

Griff. Stiel. Blatt.

Professor William T. Stearn (1911–2001), Botaniker und lebenslang mit der Erforschung der Gattung Epimedium beschäftigt. Professor Stearn verstarb kurz nach Fertigstellung eines umfassenden Werkes über diese Pflanzen.

LITTLE
SHRIMP

Sind oder waren Sie jemals Sammler? Ich meine, ein echter, wirklicher Sammler? Nicht so einer, der Dinge sammelt wie Frauen Dinge sammeln. Frauen sammeln Dinge, weil sie schön sind und gut zueinander passen. Das sind aber keine echten Sammler. Kriterien wie schön sind für Sammler völlig unerheblich und eher hinderlich auf dem Weg zum Sammel-Olymp: der kompletten Sammlung!

Ich bin, als leichter Zwangscharakter, immer in Gefahr, ein echter Sammler zu werden. Ich habe zum Beispiel Epimedien gesammelt. Das ist eigentlich harmlos. Ich war stolz auf über achtzig verschiedene Arten und Sorten. Alle penibel beschriftet. An manchen Tagen war ich verzweifelt, weil eine Kontrolle dazu führte, dass vier verschiedene *Epimedium-grandiflorum*-Sorten bei genauem Hinsehen bsolut identisch aussahen. Aber keine so wie sie eigentlich aussehen sollte. Aber das lässt einen nur an der Sortenechtheit in Gärtnereien zweifeln, nicht aber am Sammeln an sich.

Zum Beispiel *Epimedium* 'Little Shrimp'. Stellen Sie sich das an sich ja schon recht unscheinbare *Epimedium alpinum* nach einem Kochwaschgang und Schleudern vor. So sieht *Epimedium* 'Little Shrimp'

aus. Schrumpelig, mickrig, farblos. Googeln Sie die Pflanze ruhig mal. Es gibt immer noch Engländer, die steif und fest behaupten, mit 'Little Shrimp' eine wunderbare Pflanze in ihrem Garten zu haben.

Aber ohne sie wäre meine *Epimedien*-Sammlung nicht komplett gewesen. 'Little Shrimp' wurde sogar zum Highlight der Sammlung, weil kein anderer sie hatte. Sammler sind unfähig zu begreifen, dass ihre Schätze nur für sie Schätze sind. Nicht deshalb, weil sie wirklich rar oder schwer zu vermehren wären ('Little Shrimp' wuchert ohne zu blühen), sondern weil sie sonst keiner haben möchte. Beim echten Sammeln geht es um den Zwang zur Komplettierung.

Das Ende meiner Sammelwut kam deshalb auch nicht mit 'Little Shrimp', sondern mit dem Katalog einer belgischen Staudengärtnerei. Über zweihundert Epimedien! Ich war chancenlos, denn offensichtlich kamen jedes Jahr noch hundert Neuentdeckungen aus China dazu. Ich habe dann angefangen, alle Romane von Georges Simenon zu sammeln. Der ist zum Glück tot und deshalb besteht auch keine Gefahr, dass noch neue Bücher von ihm in China entdeckt werden.

Die *Freuden* des Pflanzenmarktes

Pflanzenmärkte – wie hier der Berliner Staudenmarkt im Botanischen Garten – sind zu beliebten Treffpunkten von Pflanzenliebhabern und Gärtnern geworden.

Jedes Jahr passiert das Gleiche. Erst durch Pflanzenmärkte erfährt der Mensch, dass mal wieder Frühling ist. Krokus und Schneeglöckchen sind launisch und können sich irren. Aber das massive Auftauchen von Ständen mit handgeschöpfter Seife, Filzobjekten und nachhaltigem Honig macht uns klar, dass der Winter jetzt vorbei ist. Pflanzenmarkt ist Frühlingszeit. Und so sicher, wie der Frühling sein Blaues Band durch die Lüfte flattern lässt, hört der Gärtner am Verkaufsstand dann die Frage: „Kommt die auch wieder?"

Das will eine stämmige Frau mittleren Alters wissen. Mit praktischer Kurzhaarfrisur, Anorak und einem winzigen Rucksack auf dem Rücken, an dem zwei kleine Stoff-Bärchen baumeln, ist sie mit ihren gartenbegeisterten Freundinnen voll ins Sortiment eingestiegen und hält ein sehr schönes, sehr heikles und sehr neues *Epimedium* in der Hand. Ihre Frage klingt misstrauisch. „Wenn Sie die etwas geschützt pflanzen, ist die winterhart", kommt die Antwort. „Ich hab hier nämlich vor drei Jahren schon mal so eins gekauft und das ist nicht wiedergekommen", gibt die Kundin zu Bedenken. Der Gärtner könnte natürlich erwidern, dass es diese Pflanze vor drei Jahren garantiert noch nicht zu kaufen gab, aber er schweigt.

„Die kann ich doch auch gut zu Rosen pflanzen, oder?" – „Nein", sagt der Gärtner, „dieses Elfenblümchen ist besser im Schatten oder Halbschatten aufgehoben. Wenn Sie zum Beispiel einen Apfel ..."

„Gehen da die Schnecken bei? Ich hab dieses Jahr nämlich so viele Schnecken, das glauben Sie gar nicht. Die fressen mir ja alles auf." – „Karin, sei froh, dass du keine Rehe hast", ergänzt die Freundin von der Seite, zeigt auf das zarte Elfenblümchen und erläutert fachmännisch, dass genau diese Pflanze bei der Mutter einer Bekannten den ganzen Garten zugewuchert habe. Der Gärtner schweigt und macht einen eigenartig erschöpften Eindruck. Die Frau mit dem Bärchen-Rucksack schaut das zarte Elfenblümchen schräg an. Die einzig zugelassene Lebensäußerung einer Pflanze ist die ewige Blüte. Ansonsten sollte sie besser still an Ort und Stelle bleiben und sich tunlichst nicht rühren.

Das Elfenblümchen kommt schließlich nicht in die Tüte, weil es nicht weiß blüht. Die Kundin strebt nämlich auf ihrer Suche nach Originalität einen weißen Garten an. Ein weißer Storchschnabel wird nach längerer Beratung vom Gärtner eingepackt und wieder ausgepackt. „Die musst du doch nicht kaufen, da kannst du noch so viele von mir haben!", war der Einwand einer weiteren Freundin und damit das Ende der geschäftlichen Transaktion.

In den letzten Jahren habe ich beobachtet, dass immer mehr Gärtner auf Pflanzenmärkten statt Stauden lieber Honig, Seife und Essig aus eigener Manufaktur verkaufen. Honig, Seife und Essig kommen zwar garantiert nicht wieder, aber sie wuchern auch nicht.

JÄGER *UND* *SAMMLER*

Ich weiß nicht, ob die Geschichte wirklich wahr ist, aber ich mag sie. Vor langer, langer Zeit hat es in Deutschland einmal eine Gärtnerei gegeben, die als erste seltene Waldlilien (*Trillium*) anbot. Der Preis war sehr hoch, trotzdem wollten viele Menschen unbedingt diese Raritäten besitzen und so bekam die Gärtnerei eine große Zahl von Bestellungen. Damals natürlich nicht als E-Mail oder SMS, sondern in Form von Briefen. Gefiel dem angeschriebenen Gärtner der Brief nicht oder war ihm die Zusammenstellung der gewünschten Pflanzen suspekt, bekamen diese Kunden zwar Stauden zugeschickt, die ersehnten *Trillium* waren aber nicht dabei. Auf den Bestellungen war dann vom Gärtner handschriftlich vermerkt: „*Trillium* haben Sie nicht verdient. Stattdessen weiße Primeln."

Viele Menschen reagieren empört, wenn man ihnen diese Geschichte erzählt. Von Unverschämtheit und Arroganz ist dann die Rede. Ich finde das Verhalten des Gärtners gut und kann es verstehen. Ich erinnere mich dabei an eine sehr, sehr wohlhabende Dame, die völlig sauer reagierte, als man ihr in einer Gärtnerei eine damals sehr seltene und unglaublich schöne, gelbe *Helleborus orientalis* nicht verkaufen wollte. Sie hatte kaum Ahnung von den Pflanzen, hatte aber mitbekommen, dass diese Pflanze das Nonplusultra der momentanen *Helleborus*-Züchtung war. Deshalb sollte diese Pflanze in ihren Garten. Sie hat für die Pflanze wirklich viel Geld geboten, aber der Gärtner wollte nicht. Richtig empört war sie dann, als sie etwas später mitbekam, dass eine andere Frau die Pflanze zu einem lachhaft geringen Preis bekam.

Die Empörte war mit einer Welt in Berührung gekommen, in der ihr Geld nicht wie gewohnt der Türöffner zum Paradies war, sondern irgendetwas Geheimnisvolles, von dem sie offensichtlich keine Ahnung hatte. Es geht um Leidenschaft. Um die Leidenschaft, mit der Menschen Dinge betreiben und mit der sie dann auch häufig anfangen, Dinge zu sammeln. In grauer Vorzeit gab es dafür das Wort Hobby oder Steckenpferd. Natürlich werden in der Welt der Leidenschaften auch Preise bezahlt. Fragen Sie mal die Schneeglöckchenfritzen.

Aber können Sie sich noch an den Werbespot erinnern, in der ein gestandener Mann einen anderen gestandenen Mann beeindruckte, indem er Fotos auf den Tisch knallte und dazu sagte: „Mein Boot! Mein Haus! Mein Pferd! Mein Auto!"? Jetzt stellen sie sich die gleiche Szene vor und der Mann ruft triumphierend „Mein *Galanthus woronowii* 'Elizabeth Harrison'! Meine Rhabarbersammlung! Mein weißes *Glaucidium palmatum*! Mein *Polygonum kahil*, von Marianne Foerster geschenkt bekommen!" Jede Wette, der andere Mann wird schwer beeindruckt sein und die Fotos von seinem Flugzeug, dem Chalet, der Yacht und der eigenen Insel lieber stecken lassen.

Die Welt der Leidenschaften entzieht sich nicht nur der allgemeinen Anerkennung und Bewunderung, auch die sonst in der Gesellschaft verinnerlichten Kosten-Nutzen-Kategorien haben hier keine Geltung. Die übliche Frage nach dem Sinn seines Tuns stellt sich bei Sammlern ebenso wenig wie die nach der ökonomischen Verwertbarkeit. Man macht etwas, weil man selbst es schön findet und es einem Spaß macht, Punkt. Für den Sammler und noch hundert andere auf der Welt mag *Glaucidium palmatum* 'Album' das Elysium bedeuten, für den Rest der Welt ist es im Gegensatz zu einem Ferrari ohne jeden Wert.

Die Welt der leidenschaftlichen Sammler ist ein Paralleluniversum mit eigenen Gesetzen und eigenen Wertmaßstäben. Und in diesem Universum sind Pflanzen eben nicht nur Ware, die verkauft wird, sondern Objekte, deren Wert und Schönheit nur Gleichgesinnten deutlich werden kann. Sie können deshalb nur an Menschen weitergegeben werden, die sich ihrer würdig erwiesen haben.

Ich habe in der Washfield Nursery in England keine der wunderbaren Lenzrosen einfach kaufen können, sondern musste mir jede Pflanze nach eingehender Prüfung meines *Helleborus*-Wissens durch die legendäre Elizabeth Strangman höchst selbst erarbeiten. Der Preis für die Pflanzen war mir, genau wie ihr, völlig egal. Es ging hier nicht um Geld, sondern um Hingabe und Leidenschaft zu den Dingen, die wir mögen.

Wenn Sie etwas von dieser Liebe und Leidenschaft für Pflanzen erleben wollen, gehen Sie im Frühling auf einen richtigen Pflanzenmarkt. Ein richtiger Pflanzenmarkt hat ein Verhältnis von Pflanzenanbietern zu Rosenkugeln und Fressständen von zehn zu eins. Gehen Sie früh hin und gehen Sie gezielt zu den Ständen, an denen Sie sonst immer vorbeigegangen sind, weil da ja nichts Richtiges blüht. Stehen dort mehrere Männer um Plastiktöpfe herum, in denen keine bunten Bilder in den Töpfen stecken, sondern kaum lesbare handbeschriftete Schilder (Bleistift!), sind Sie dort richtig.

Machen Sie jetzt bitte nicht den Fehler, den Männern über die Schulter zu gucken und beim Anblick eines blauen Leberblümchens zu sagen „Oh, so eins hab ich auch!" Sie Idiot, das haben Sie nicht! Diese blassblaue, gerüscht-gefüllte Form hat außer dem Mann vor Ihnen kein Mensch auf der Welt! Und die Zahl auf dem Schild bedeutet auch nicht, dass der Züchter noch 1.800 Stück davon hat, sondern das eine Pflanze so viel kostet.

Solche Preise sind aber eigentlich nicht als Verkaufspreise gedacht. Zahlt tatsächlich mal ein Besucher am Stand einen solchen Preis, herrscht allgemeines Staunen. „Wer macht denn sowas?" Denn die eigentliche Funktion solch hoher Preise ist die eines duftenden Lockstoffs. Ein Pheromon, das andere Sammler anlocken soll und ihnen etwas über die Seltenheit der Pflanze erzählt und Bewunderung im engen Kreis der Sammler garantiert. Sammler unter sich kaufen kaum Pflanzen, sondern tauschen. Eine blassblau gerüscht-gefüllte gegen eine japanische Zwergform mit zerknitterten Blättern.

Was für ein toller Tag!

Beratungs-resistent

Gedeiht eigentlich immer, es sei denn man gibt sich Mühe: die einheimische Frauenschuh-Orchidee.
Cypripedium calceolus

Als professioneller Pflanzenverwender bin ich auf ein theoretisches Gerüst der Pflanzenverwendung nicht nur angewiesen, sondern ich bin dafür ausgesprochen dankbar. Wir arbeiten ja nicht mit dem berühmt-berüchtigten „Grünen Daumen", der gärtnerischen Version des Try-and-error-Prinzips, sondern auf Grundlage wissenschaftlicher Erkenntnisse und Beobachtungen. Frustrierend aber ist die Tatsache, dass es immer noch viel zu viele Menschen (und auch Pflanzen!) gibt, die die Ergebnisse der Forschung schlicht ignorieren. Ich habe einmal einen Garten besucht, der mit Eis-Begonien, Rehkitzen aus Hartplastik und struppigen Rosen geschmückt war. Auf einem Terrassenhang, in praller Sonne, zusammen mit Heide und einem gusseisernen Reiher, in einem torfigen Boden, gemulcht mit blau leuchtendem Kunstdünger, stand *Cypripedium calceolus*, der einheimische Frauenschuh. Eine Pracht mit fünfzehn, nein, zwanzig Blüten!

Ich habe daraufhin den Gartenbesitzern, einem älteren Ehepaar, zu verstehen gegeben, dass es so nicht geht. Denn *Cypripedium calceolus* braucht Kalk, braucht Halbschatten, besser noch leicht gesprenkelten Halbschatten, diffus flirrend von lichten Bäumen. *Cypripedium calceolus* braucht lockeren, anlehmigen Boden, gut drainiert, aber nicht knochentrocken. *Cypripedium calceolus* braucht einen speziellen Dünger, der nur bei Vollmond von weisen Frauen gesammelt werden kann. Dann habe ich dem staunenden Ehepaar von meinem Frauenschuh im Garten erzählt. Nach fünf Jahren mit flirrendem Schatten, Kalk und Spezialdünger war ein Stängel zu sehen, mit einer Knospe und drei Blättern. So ist es richtig. So fühlt sich *Cypripedium calceolus* wohl und gedeiht. Das, was ich hier in diesem Garten sehe, bedeute Guantanamo für den Frauenschuh. „Wie lange haben Sie die Pflanze denn schon?" frage ich. Sie dreht sich zu ihrem Mann um und sagt: „Ja, Werner, wann haben wir die denn ausgegraben? Das ist doch bestimmt schon siebzehn Jahre her. Das war in Österreich im Wald. In Kärnten. Aber da war die ja noch ganz klein. Ja, so lange steht die jetzt schon hier und wird immer größer." Solche Menschen sind einfach unbelehrbar. Die sind genauso beratungsresistent wie ihre Pflanzen. Damit hat man als professioneller Planer keine Freude.

Der Pflanztipp des Experten war goldrichtig: Schon eine Gunnera magnifica *macht den Kleingarten (unter dem Blatt) pflegeleicht.*

GARTENBESUCH

Der Mensch ist gut, die Leute sind schlecht, hat Karl Valentin einmal gesagt. Wahrscheinlich ist ihm diese Erkenntnis gekommen, nachdem er seinen Garten einer größeren Besuchergruppe geöffnet hatte. Nach meinen Erfahrungen sind bis fünf Personen Mensch und ab acht Personen Leute.

Bevor Sie sich jetzt aufregen, möchte ich klarstellen: Ich finde Gartenbesuch toll. Ich liebe es, Menschen meinen Garten zu zeigen. Aber es ist wie mit dem Alkohol: immer gerne, aber manchmal naja.

Prinzipiell gehören zu einer zünftigen Gartenführung ein unerzogener Hund und ein unerzogenes Kind. Pinto ist ein Labrador, ganz, ganz lieb und steht mit seinen vier Riesenpfoten mehrmals in meinen Frauenschuh-Orchideen. Max ist fünf Jahre alt und findet Blümchen ansehen verständlicherweise langweilig. Stattdessen versenkt er lieber Gartenwerkzeug in meinem Folienteich. Wer das nicht lustig findet, ist ein engstirniger, lebens- und kinderfeindlicher Spießer. Auch die ältere Dame mit dem Rollator ist beleidigt, weil mein kleiner Steingarten nicht für ihr Gefährt geeignet ist. Da gibt ihr die junge Mutter mit dem Kinderwagen Recht.

Nach meinen Beobachtungen sind fünfundneunzig Prozent aller Gartenbesucher Frauen. Männliche Gartenbesucher erinnern an den Tiefsee-Anglerfisch. Bei diesem Fisch ist das Männchen viel kleiner als das Weibchen und mit diesem dauerhaft als winziges Anhängsel verbunden. So kann das Zwergmännchen nicht verloren gehen und muss sich um nichts kümmern. Diese praktische Einrichtung funktioniert auch an Land. Zwergmännchen werden gern zu Gartenbesuchen und Pflanzenmärkten mitgenommen. Angedockt an die pflanzeninteressierte Frau, erträgt es sein Schicksal stumm in einer ihm fremden und feindlichen Welt. Ab und zu macht es sich auch nützlich. „Jochen, halt das mal bitte."

Fester Bestandteil einer jeden Gartenführung ist Annegret. So nenne ich sie jetzt mal. Annegret möchte im Rahmen einer Gartenführung für vierzig Personen ihr ganz persönliches Gestaltungs- oder Pflanzenproblem erörtern und gelöst bekommen. Hier und jetzt und ausgiebig. Stehen wir im Schattengarten, stellt Annegret Fragen zum Zustand ihrer schwächelnden Rosen. Im sonnigen Kiesgarten hingegen meint Annegret genügend Anlass zu finden, um sich mit mir einmal intensiv über ihre Hostas auszutauschen.

Gartenbesuche vermitteln neue Ideen und Anregungen sowie neues Wissen über Pflanzen. Ganz nebenbei aber auch neue überraschende Formen der Kommunikation: „Wie heißt die Pflanze?" – „Agastache" – „Aster?" – „Ne, A-g-a-s-t-a-c-h-e" – „Ach so. Die sieht ja auch aus wie eine Aster."

♀

♂

*Extremer
Geschlechtsdimorphismus
bei Linophryne arborifera,
dem Teufelsangler-Fisch.
Rechts unten das winzige, ratlose
und verängstigte Männchen.
Ein deprimierendes Bild, das
wir von Gartenbesichtigungen
kennen.*

DIE HÖLLE ...

Ich bin kein religiöser Mensch und unter einem Leben nach dem Tode kann ich mir nichts vorstellen. Trotzdem schätze ich die Vorstellung der Hölle als Ort ewiger Buße für zu Lebzeiten begangene Untaten sehr. Das ist zwar nicht logisch, aber sehr reizvoll, wenn man, so wie ich, früher regelmäßig nächtliche Werbefaxe für Plastikpalmen, Chefsessel oder Doktortitel aus Rumänien zugeschickt bekommen hat. Da kommt man dann auf solche Ideen. Natürlich sollten die Delinquenten nicht endlos in siedendem Öl hocken müssen oder von subalternen Teufelchen gestochen und gekniffen werden, wie man das aus alten Bildern kennt. Die Strafe sollte schon im gedanklichen Zusammenhang zu den irdischen Verfehlungen stehen.

So sehe ich vor meinem geistigen Auge eine Gruppe von Ingenieuren, die bis an das Ende aller Tage mit dem Werkzeug arbeiten müssen, das sie selbst entwickelt haben. Hier frickeln ein paar Verzweifelte an einem Gartenhäcksler herum, der sinnvollerweise nur mit einem winzigen Inbusschlüssel zu öffnen ist. Dort versuchen sie, einen völlig verdrehten, geknickten und steifen Gartenschlauch zu bändigen, an dem immer wieder unerwartet die Schlauchkupplungen abspringen und alle Beteiligten mit kaltem Wasser bespritzt. Das ist die Strafe dafür, dass diese Menschen als Hersteller von Gartengeräten irgendwann einmal das Wort „hochflexibel" und „Qualitätsprodukt" auf diese Schläuche haben drucken lassen.

In einem Fall, glaube ich, ist die Vorstellung von ewiger Sühne schon irdische Realität geworden. Und zwar bei mir selbst. Ich bin vor Jahren vor der weiß blühenden Form des Stinkenden Storchschnabels (*Geranium robertianum* 'Album') gewarnt worden. „Um Gottes willen", so hat man mich gewarnt, „hol dir das bloß nicht in deinen Garten! Die Pflanze wirst Du nie wieder los und die hast du später überall!" – „Ach was, die behalte ich im Auge", war meine Antwort. Hochmut ist eine der sieben Todsünden.

Und so ziehe ich jetzt bis zum jüngsten Tag Tausende von winzig kleinen, stinkenden Storchschnäbeln aus Kiesbeeten, zarten Pflanzen, Gräsern, Saatschalen und Blumentöpfen. Siedendes Öl ist eigentlich gar nicht so schlimm. Wer mit seinem Garten schon etwas länger zusammenlebt oder einen alten Garten übernehmen konnte, wird feststellen, dass es Pflanzen gibt, die ihre eigenen Wege gehen. Nicht selten machen sie den besonderen Reiz des „reifen Gartens" aus. Was wäre, wenn man sie nicht nur toleriert, sondern aktiv in die Gartengestaltung einbezieht?

Mache deinen Feind zum Freund: In der Ecokathedraal von Louis le Roy darf sich Geranium robertianum mal so richtig austoben.

... kann so schön sein

Wie eine Black Box

In der Wissenschaft verwendet man das Blackbox-Modell, um Prozesse zu beschreiben, die man nicht abschließend erklären kann. Man weiß, was den Prozess beeinflusst und was das Ergebnis ist, aber wie er genau abläuft, bleibt ein Rätsel. Wer schon einmal hinterfragt hat, wie eine Pflanze manchmal an ganz ungewöhnliche Standorte gelangen konnte, teils fern von ihrer Mutter und Jahre nach dem Ableben der Vorgängergeneration, der kann schon das Gefühl bekommen, es mit einer Blackbox zu tun zu haben. Einige Gartenbesitzer gehen noch einen Schritt weiter: Sie spielen sogar mit der Natur. Mit gezielten gestalterischen Eingriffen lenken sie die „Vorstellung" der versamenden Pflanzen – eine Art florales Improvisationstheater. Ein Spiel ohne Sieger und Verlierer, aber mit jährlich anderem Ausgang.

Spielregeln

Bei den stark versamenden Pflanzen handelt es sich um Lebewesen, die räumlich und zeitlich ausweichen müssen, wenn ihre Lebensgrundlagen zur Neige gehen oder pflanzliche Konkurrenten zu aufdringlich werden. Eine Großzahl von ihnen ist jedoch in der Lage schnell wieder da zu sein, wenn sich die Bedingungen verbessern. Es gibt verschiedene Standorte, auf denen solche Pflanzen präsent sind, und zumindest einige von diesen können wir im Garten imitieren. Gerade das macht ja das Gärtnern mit versamenden Pflanzen so spannend. Es geht eben nicht nur darum, Pflanzen in den Garten zu bringen, die sich versamen, sondern bereits durch die Schaffung von günstigen Bedingungen (zum Beispiel durch Kiesbeete) bestimmte Arten zu fördern.

Wohlgeordnetes Chaos im Garten von Madelien van Hasselt (Niederlande).

Huhn oder Ei

Nachdem Sie das Spielfeld aufgebaut haben, können Sie die Partie auf zweierlei Weise beginnen: Samen oder Initialpflanzen. Letztere sind eine Art Vorhut, die testen soll, ob es sich für die nachfolgende Generation lohnt, den Lebensraum einzunehmen. Beide Methoden haben ihre Vor- und Nachteile. Manche Pflanzen lassen sich ohnehin nur auf eine Weise in den Garten bringen oder genauer: an den Standort, den die Pflanzen zum Keimen benötigen. An dieser Stelle muss nämlich darauf hingewiesen werden, dass tierische Helfer das human-floristische Techtelmechtel zu einer spannungsvollen Ménage-à-trois werden lassen. Dorthin, wo Ameisen etwa den Samen von Gelben Scheinlerchensporn bringen, ist noch nie ein Finger ohne Quetschungen vorgedrungen. Wer mehr als eine Runde spielen möchte,

muss sich bewusst sein, dass er immer wieder Ansiedlungsflächen anbieten muss. Getreu dem Motto „Zu Pflegeleicht ist etwas für Anfänger" sind Beete regelmäßig umzugraben oder Flächen mit Kies oder Splitt nachzumulchen. Natürlich kennt das Spiel mit den versamenden Pflanzen auch unterschiedliche Schwierigkeitsstufen: Besonders einfach ist das Ganze, wenn man erst mal mit Arten arbeitet, die im Garten schon da sind, ohne dass sie jemals bestellt wurden: Was kann man machen, dass diese sich noch stärken ausbreiten oder noch besser zur Wirkung kommen? Im Experten-Modus geht es dann darum, durch passende Eingriffe mit (oder besser: trotz) einer Versamervielfalt wohlproportionierte, farblich raffinierte Bilder zu komponieren.

Die Eingriffe sind in erster Linie Entnahmen von Einzelpflanzen, teilweise aber auch ganzer Bestände. Eine hohe Bedeutung hat die richtige Terminierung der einzelnen Maßnahmen: Jeder Zeitpunkt bietet seine eigene Chance, das Spiel zu beeinflussen, sei es im Keimlingsstadium, ährend der Blüte oder danach.

Mut zur Lücke

Versamende Pflanzen finden überall Raum: im Blumenkasten genauso wie auf mehreren Hektar Fläche. Es gibt jedoch einen Standort, der in der mitteleuropäischen Gartengestaltung nur selten bedacht wurde: die Lücke. In Form von Fugen und Spalten begegnet sie uns in der Horizontalen wie Vertikalen. Es gilt der Grundsatz: Dort, wo ein Unkraut gedeiht, kann es bald schon blühen. Zunächst müssen die Lücken von störender Vegetation befreit werden. Anschließend erfolgt die Aussaat. Die Methode „kreisender Blumentopf" ist eine gute Alternative zur Saat in die Fuge. Die Initialpflanze im Topf wird während des Versamungszeitraums mal an die eine, mal an die andere Stelle gestellt. Schon bald finden sich ihre Kinder in allen Lücken wieder. Das Schönste an der Fuge ist, dass hier Pflanzen wachsen, die an anderen Gartenplätzen partout nicht gedeihen wollen, wie etwa das Spanische Gänseblümchen, *Erigeron karvinskianus*.

Kontrastprogramm

Viele versamende Pflanzen haben eine eindrucksvolle Blüte. Auch das Vor- und Nachspiel, also der Austrieb und der Samenstand, kann faszinierend sein, jedoch sind die Strukturen und Konturen allgemein diffuser als bei langlebigen Stauden und Gehölzen. Genau diese Eigenschaft kann man sich zunutze machen, indem man Kontraste durch Form-

schnitthecken und ruhige Rasenflächen schafft. Auch die Kombination mit stabilen Stauden und Gehölzen ist gut möglich. Traditionelles Gärtnern und solches mit selbstversamenden Pflanzen schließen sich also nicht gegenseitig aus – ganz im Gegenteil!

Wer früher hinschaut, sieht mehr

Die größte Herausforderung beim Gärtengestalten mit versamenden Pflanzen ist das Beobachten. Es steigert Ihr Selbstwertgefühl ungemein, wenn Sie auf der Suche nach neuen Keimlingen über den Boden kriechen und Ihr Nachbar ungläubig mit dem Kopf schüttelt, Sie aber im Kleinen schon die Schönheit von morgen erkennen. Oder ein Unkraut, das sich noch durch ein einfaches Schnipsen beseitigen lässt. Durch das genaue Studieren der einzelnen Wuchsphasen erkennen wir mehr und mehr, wie Pflanzengemeinschaften interagieren, und wie wir sie durch Eingriffe beeinflussen können. Jede geschaffene Lücke bietet Platz für neue Keimlinge und neue Gartenbilder in der Zukunft. Die wichtigste Funktion des Beobachtens ist jedoch das Genießen. Und genau das sollte man immer wieder, denn jeder Augenblick ist einmalig.

Empfehlenswerte Arten

Aquilegia vulgaris (Akelei), *Centranthus ruber* (Rote Spornblume), *Corydalis solida* subsp. *transsilvanica* (Transsilvanischer Lerchensporn), *Eranthis hyemalis* (Winterling), *Knautia macedonica* (Mazedonische Witwenblume), *Linaria purpurea* (Purpur-Leinkraut), *Meconopsis cambrica* (Europäischer Scheinmohn), *Oenothera odorata* (Duft-Nachtkerze), *Pseudofumaria lutea* (Gelber Scheinlerchensporn), *Silene coronaria* (Kronen-Lichtnelke), *Smyrnium perfoliatum* (Gelbdolde), *Tanacetum parthenium* (Mutterkraut)

Alle Pflanzen, die Sie in diesem Garten an der Schlei sehen, finden wir hässlich und für die moderne Gartengestaltung unzumutbar. Sie wuchern (Gilbweiderich), sie säen sich stark aus (Frauenmantel), sie machen beides (Goldrute), sie sehen nach der Blüte schäbig aus (Lupine). Kein Mensch, der was vom Gärtnern versteht, würde jemals solche Pflanzen einsetzen. Trotzdem sieht der Garten einfach nur gut aus.

Grüner Boom & grünes Elend

„Der Garten ist der letzte
Luxus unserer Tage,
denn er fordert das, was in
unserer Gesellschaft am
kostbarsten geworden ist:
Zeit, Zuwendung und Raum."

Dieter Kienast,
Schweizer Landschaftsarchitekt (1945–1998)

Ich habe kürzlich irgendwo den Satz des britischen Designers Sir Terence Conran gelesen: „Essen und Garten sind die Sucht des 21.Jahrhunderts." Als Gärtner findet man diese Bemerkung natürlich großartig und zudem scheint sie auch richtig zu sein – zumindest wenn man die Medien betrachtet.

Im Fernsehen treten Starköche als halbes Dutzend vor die Kamera und bekochen sich dort gegenseitig und Fernsehgärtner stellen in vierundzwanzig Stunden einen kompletten Garten auf den Kopf. Garten- und Kochbücher fluten in unübersehbarer Vielfalt die Regale der Buchläden. Und wird der deutsche Zeitschriftenmarkt auch schwer vom Auflagenschwund gebeutelt, zeigen zwei erfolgreiche Titel, dass Küche und Garten sich blendend verkaufen: „Beef!", Untertitel: „Für Männer mit Geschmack", zeigt Männer, die außer Geschmack wohl auch das Geld haben, um sich Steaks zum Kilopreis

von 760 Euro in die Pfanne zu hauen. Und natürlich „Landlust", das Zentralorgan der erdigen Idylle, die es mittlerweile zur auflagenstärksten Publikumszeitschrift des Landes gebracht hat.

Aber die Begeisterung für Essen und Garten ist auch außerhalb der Medien zu beobachten. Gartenmärkte locken Hunderttausende von Gartenbegeisterten, Prominente bekennen sich zu ihrer grünen Leidenschaft und jede Kleinstadt hat ihren Spezialitätenladen für Olivenöle und Jahrgangsschokolade. Essen und Garten sind chic.

Gleichzeitig balgt sich aber die große Mehrheit der Deutschen um das günstigste Fleisch und das billigste Brot. Und da die einfachsten Handgriffe in der Küche scheinbar zum unüberwindlichen Hindernis geworden sind, gibt es selbst Currywurst schon als Fertiggericht, vorgebraten, vorgewürzt und vorgeschnitten, fertig für die Mikrowelle.

Ähnliches kann man auch im Garten beobachten. Das Angebot an Easy-Gardening-Pflanzpaketen für Kunden, die Rasen nicht von Rhododendron unterscheiden können, wächst.

Und wie jeder Gärtner bestätigen wird, sinkt der Wissensstand über Pflanzen und das, was in einem Garten zu tun ist, bei der Mehrheit der Deutschen rapide. Das Leiden und Klagen über den Zustand der Esskultur ähnelt fatal dem der grünen Branche über den Verfall der Gartenkultur im Land. Boom und Elend gleichzeitig. Aber wie lassen sich derartig gegenläufige Tendenzen erklären?

Der Spiegel-Autor Ullrich Fichtner hat in seinem wunderbaren Buch „Tellergericht" über die Esskultur in Deutschland und auch über die Rolle der Fernsehköche nachgedacht. Dabei kommt er zu dem Schluss: Fernsehköche haben nichts mit realem Kochen zu tun. Kein Zuschauer fordert ihre angebotenen Rezepte an, kein einziges Gericht wird in Deutschland mehr oder genussvoller wegen all der Lafers und Mälzers gekocht. Der moderne Deutsche kocht und isst in einem Tempo, als wäre er auf der Flucht. Woran sich die Zuschauer hingegen bei den köchelnden Stars erfreuen, ist deren Hingabe an ein altehrwürdiges Handwerk, der liebevolle und zeitaufwendige Umgang mit dem Material, der schön gedeckte Tisch an dem die gemeinsame Mahlzeit zelebriert wird. Wenn es richtig ist, so Fichtner, dass die Küche in unserer Gefühlswelt noch immer mit kochenden Müttern und Geborgenheit verbunden wird, dann besetzt das Fernsehen hier eine emotionale Lücke. Die Show der Fernsehköche wird in einer „Gesellschaft der kulinarischen Analphabeten zum Surrogat", zum „substanzlosen Ersatz für entschwundene Freuden und nicht mehr befriedigte Bedürfnisse". Der bestaunte Fernsehkoch als „Phantomschmerz einer Gesellschaft", die sich eben zu dieser hingebungsvollen, langsamen und gepflegten Esskultur nicht mehr in der Lage sieht.

Ich glaube, dass man Fichtners Beobachtung über die Esskultur ohne große Mühe auf die Gartenwelt übertragen kann. Je mehr Handy die Realität, desto

rosenbogiger der Gartentraum. Kommen Gärtner und Garten als nostalgisch verklärte Relikte einer vorindustriellen Zeit daher, angetan mit Strohhut und Schürze, voll mit Wissen, das Opa noch wusste, werden sie vom Publikum geschätzt. „Da haben Sie aber einen schönen Beruf" lautet stets der leicht träumerisch vorgetragene Spruch – gedanklich leider oft ergänzt durch „und dafür wollen Sie auch noch Geld?".

Es scheint, als müsse der Satz am Anfang dieses Artikels geändert werden. Küche und Garten sind nicht die Sucht des 21. Jahrhunderts, sondern in ihnen manifestiert sich die Sehnsucht dieses Jahrhunderts. Der Sehnsucht nach Zeit."

Stets wird der Garten als Ort der Entschleunigung, als Oase der Ruhe beschrieben und herbeigesehnt. Im Gegensatz zu den immer schnelleren Anforderungen von Notebooks und globalisierter Kommunikation, wird der Takt im Garten, so hofft man, nach wie vor von den Jahreszeiten bestimmt. Dieser „ewige" und ruhige Rhythmus der Natur und die darin eingebundenen gärtnerischen Tätigkeiten, versprechen einen Ort, an dem die Zeit stehen zu bleiben scheint. Wer stets und ständig damit rechnen muss, morgen seine Welt komplett verändert vorzufinden, wer stets vor einer Zukunft Angst haben muss, in der all seine Erfahrungen wertlos sind, für den bedeutet die Welt des Gartens Verlässlichkeit und Kontinuität. Geliebte, ersehnte, ewig gleiche Gartenwelt: voll alter Rosen (viele Kunden reagieren enttäuscht, wenn sie hören, dass die von ihnen so geschätzten Englischen Rosen keineswegs alt sind), weiser Gärtner mit überliefertem Wissen und alten, zentnerschweren Gartengeräten, mit Heilkräutern aus fernen Zeiten und verwitterten Klostermauern.

Nicht umsonst gibt es einen erfolgreichen Edel-Versandhandel namens Manufactum. Sein Motto lautet: „Es gibt sie noch, die guten Dinge." Damit sind zum Beispiel Telefonapparate aus Bakelit gemeint. Diese Hohepriester des elitären Antimodernismus verkaufen natürlich auch putzigen Gartenkram und Pflanzen. Alte Rosen, alte Päonien, alte Obstsorten. Eine kleine Geschichte des Mehltaus der letzten zweihundert Jahre. Was die Kunden hier erwerben, ist kein Gegenstand sondern ein Versprechen: Es gibt sie noch, die gute alte Zeit. Und mit ihr vermeintlich ewige Werte und Traditionen.

Die Beliebtheit alter Werkzeuge, wackeliger Holzbänke oder rumpeliger Gartenwege erklärt sich auch aus dem Reiz des Unvollkommenen und des Nicht-Genormten, das die Kunden mit Handarbeit verbinden. Die Versuche von Staudengärtnern, durch gezielte Züchtung die Eigenschaften von Pflanzen zu verbessern, werden nach meiner Erfahrung von vielen Gartenbesitzern gar nicht geschätzt. Die Gleichsetzung von Züchtung mit Gentechnik ist nicht weit und Vokabeln wie Verbesserung oder Optimierung gehören nach ihrem Verständnis in den Dunstkreis seelenloser Ökonomie – „Wir wissen, dass unser Storchschnabel immer umfällt. Aber hier darf er das!" Dem ständigen Optimierungsdruck im Alltag ausgesetzt, soll der Garten ein Hort des Nicht-Angepassten und der liebevollen Schlamperei bleiben.

Aber auch der immer häufiger beobachtete und heftig kritisierte Trend zum Schottergarten, also der brachialen und endgültigen Entsorgung von Flächen durch Abdeckung mit Kies, Splitt oder grobsteinigem Gerümpel, ist eine Antwort auf die nicht mehr zu bewältigenden Herausforderungen der Beschleunigungsgesellschaft. Angesichts stetiger

und nicht zu kontrollierender Veränderungen der Welt verspricht ein gesteinigter Garten ohne jegliche Dynamik dem Besitzer wohltuenden Stillstand und versichert ihm, dass zumindest an dieser Front Ruhe eingekehrt ist. Auch die steigende Beliebtheit von kostspieligen Formschnittgehölzen lässt sich vor dem Hintergrund eines Wunsches nach Stabilität und Berechenbarkeit des Lebens verstehen. Beim Formgehölz üben wir Herrschaft aus, Herrschaft durch Schnitt. Das macht uns froh, begegnen wir doch sonst einer Welt, die uns beherrscht und in der unser Handeln durch die Anpassung an sich ständig verändernde ökonomische „Sachzwänge" geprägt wird. Außerdem kommt das Formgehölz einem ökonomisierten Weltverständnis entgegen, das auf der Einklagbarkeit von Tatbeständen basiert. Größe, Wuchs und Form dieser Bäume sind genau definiert und somit garantiert.

Die Versuche, den Garten als Bastion der Entschleunigung in einer als immer hektischer und leerer empfundenen Umwelt zu nutzen, sind teilweise äußerst widersprüchlich. Um Ruhe zu finden, wird der Garten mit rasender Geschwindigkeit den gerade angesagten modischen Trends angepasst. Gestern Cottage, heute Zen. Besser noch beides gemixt. Garten ist hier nur die immer schneller wechselnde Kulisse für Menschen, die das Primat von permanenter Beschleunigung, Effizienz, Mobilität und Flexibilität akzeptiert haben, sich damit aber zunehmend überfordert fühlen.

Erlebt der von Zeitnot gequälte Mensch erstmals, was er sich so gewünscht hat, nämlich den langsamen Takt der Natur, führt das manchmal zu kuriosen Forderungen an den Gärtner. Der wird zwei Wochen nach der Pflanzung im Mai herbeizitiert und gefragt, warum denn der Wasserdost noch immer nicht die versprochene Größe von zwei Metern habe. Menschen, die es gewohnt sind, Dinge per Mausklick groß zu ziehen, haben mit dem seltsamen Gebaren von Pflanzen so ihre Probleme.

So wird, nach einer Definition von Ingrid Greisenegger, Gärtnern (Bodenkontakt mit den Händen) langsam abgelöst durch Gardening (Umblättern eines Gartenmagazins). Das wird auf Gartenmärkten anschaulich, wo die ausstellenden Gärtner immer mehr durch die Aussteller von Gartenaccessoires, Dekorationen und sonstigem Schnickschnack ersetzt werden. Denn Dekoration verspricht umgehend und umstandslos Befriedigung. Das ist mit Pflanzen anders. Ständig muss hier irgendetwas getan werden, ständig muss aufgepasst oder nachjustiert werden. Stauden entwickeln ein unkontrolliertes Eigenleben, das zwischen den beiden gleichermaßen grauenvollen Polen „Wuchern" und „Mickern" oszilliert. Das Ergebnis all dieser gärtnerischen Bemühungen zeigt dem Gartenbesitzer unter Umständen, dass er es wieder nicht geschafft hat, sein kleines ersehntes Paradies am Leben zu erhalten. Was bleibt, sind ein schlechtes Gewissen und Frustration.

Und das Frustrationsrisiko ist hoch. Denn in einer Flut von Bildern in Büchern und Zeitschriften, wird uns täglich vor Augen geführt, wie leicht es selbst vielbeschäftigten Schauspielern, Musikern oder Hochschulprofessoren gelingt, scheinbar ganz allein und nebenbei den zwei Hektar großen Garten perfekt in Schuss zu haben. Die Chance, da mitzuhalten, ist minimal.

Wer sich erst langwierig mit den Ansprüchen und Bedürfnissen seiner Pflanzen auseinandersetzen muss, wer gleichzeitig einfachste Tätigkeiten im Garten wie Umgraben oder Wässern erst erlernen muss, für den bedeuten Pflanzen eine Belastung des ohnehin knappen Zeitbudgets. Um es ökonomisch auszudrücken: Um einen Garten fühlen, erleben und sehen zu können, sind erst gewaltige Investitionen an Zeit erforderlich. Die volle Rendite erfolgt zum Teil erst mit erheblicher Verzögerung. Diese Zeitspanne zwischen Aufwand und Belohnung aber ist für heutiges Empfinden zu lang.

Der Wunsch, sich des stets rasanter drehenden Rades zu entziehen, ist da. Er manifestiert sich in dem Wunsch nach Orten der Entschleunigung. Küche und Garten werden als solche Räume des Bewährten, des „wahren" Lebens abseits des real gelebten, gedacht.

Der Wunsch bleibt Wunsch, denn zu seiner Realisierung fehlen den meisten Menschen die Kraft und die Zeit, sich Zeit zu nehmen. Es bleiben nur kurze Zwischenstopps auf Inseln der Langsamkeit, wie zum Beispiel den immer beliebter werdenden Wochenend-Seminaren hinter Klostermauern zu Themen wie „Zeitmanagement" oder „Ruhe finden". Paradoxerweise werden solche Aufenthalte häufig nur als neuestes Mittel verstanden, um noch reibungsloser und effizienter im Alltag zu funktionieren.

Erscheint der Wunsch aber nicht realisierbar, bleibt immer noch der Ersatz. Statt echtem Kochen lieber die Kochsendung, statt echter Pflanzen mit der Zumutung brauner Stängel doch lieber der Bildband über „Romantische Gärten".

Das ist grüner Boom und grünes Elend.

LESEN!

Eine sehr persönliche Liste mit Buchempfehlungen

Bei gutem Wetter ist der Gärtner gern im Garten. Bei schlechtem manchmal auch. Bringt dann aber nicht so viel Spaß.

Deshalb bleibt man bei schlechtem Wetter besser drinnen. Jetzt hat man Zeit, sich der Theorie des Gartens zu nähern, sein Pflanzenwissen zu erweitern oder sich Ideen zu holen. Aus Gartenbüchern natürlich. Aber nicht nur. Denn es gibt Bücher, die nicht vom Garten handeln, die aber unseren Horizont erweitern und uns helfen, unser Wirken im Garten besser zu verstehen (und unser Scheitern besser zu ertragen).

Roger Phillips & Martyn Rix:
Stauden. In Garten und Natur.
Droemer Knaur, 1991

Das perfekte Buch für bequeme und verweichlichte Menschen wie mich: „Stauden. In Garten und Natur" von Phillips und Rix. Denn hier sieht man *Phlomis bracteosa*, die von grasenden Ponys gemieden werden, in Kaschmir. Oder kann sich *Ferula kuhistanica* in den Amankutan-Bergen bei Sarmakand, oberhalb des Oxus-Tals ansehen. Da es im Oxus-Tal bestimmt keine warme Dusche gibt und ich zum Frühstück statt Kaffee und Toast, Hammelfett und Ziegentee serviert bekäme, freue ich mich, dass ich dieses fabelhafte Buch habe und mir nun auf elegante Art die entlegensten Teile der Welt mit ihren schönsten Pflanzen ansehen kann.

Eric Newby:
Ein Spaziergang zum Hindukusch.
btb, 2005

Zwei Engländer, einer Diplomat, der andere aus der Modebranche, beschließen 1956 einen Sechstausender in Afghanistan zu besteigen. Beide bringen viel Elan und gute Laune mit, verfügen allerdings nicht über die geringste Ahnung vom Bergsteigen. Selten ist ein komplettes Desaster so wunderbar leicht und humorvoll zu Papier gebracht worden.

Das Gartenbuch.

Phaidon, 2003

Wir alle brauchen Übersicht und Einordnung in dieser Welt. Im Falle der Gartengeschichte und -gestaltung ist dieses Buch der perfekte Einstieg. Fünfhundert Gestalter und Gärten, von der Frühzeit fast bis zur Gegenwart. Je nach Budget und Platz im Schrank kann zwischen der Voll-, Midi- und der handtaschentauglichen Mini-Ausgabe gewählt werden – der Seitenumfang ist immer der Gleiche.

Helmut Pirc:

Enzyklopädie der Wildobst- und seltenen Obstarten,

Leopold Stocker, 2015

Dank dieses Buches können Sie beim Scrabble mit dem Wort Seidenwurmdorn punkten. Das Wort gibt's gar nicht! Doch, der Seidenwurmdorn (*Cudrania tricuspidata*) wird hier nicht nur genau beschrieben, sondern es wird auch erläutert, was man wie aus seinen Früchten machen kann. In der Enzyklopädie der Wildobst- und seltenen Obstarten werden Früchte vorgestellt, zu Marmeladen und Säften verarbeitet, ihr Aussehen und ihr Geschmack beschrieben, dass es eine Freude ist. Hier erfahren wir, dass *Decaisnea fargesii* fragwürdig schmeckende Früchte hat, die in China „Katzenkotgurken" genannt werden. Der Autor hat alles selbst gegessen und sich hundertfach die eigene Küche versaut beim Probieren der abseitigsten Obstarten. Er kennt über vierzig verschiedene Fruchtsorten von *Cornus mas*! Wie schön, dass es Bücher gibt, die Lesern einen Einblick geben in ein wunderbares Universum, von dessen Existenz wie vorher keine Ahnung hatten.

Richard Hansen & Friedrich Stahl:

Die Stauden und ihre Lebensbereiche in Gärten und Grünanlagen.

Verlag Eugen Ulmer, 6. Aufl, 2016

Das Buch „Die Stauden und ihre Lebensbereiche in Gärten und Grünanlagen" von Richard Hansen und Friedrich Stahl stand durch Zufall am Beginn meiner gärtnerischen Karriere. Durch dieses Buch habe ich begriffen, das Wissen und Beobachtung Grundlagen des Erfolges im Garten sind und nicht das Glücksspiel Grüner Daumen. Das Buch ist siebenunddreißig Jahre alt und trotzdem bis heute für mich unverzichtbar zum Nachlesen und immer wieder Reingucken.

Friedolin Wagner:

Gestalten mit Pflanzen.
Versuch einer Ästhetik des Gartens.

Verlag Eugen Ulmer, 1990 (nur noch antiquarisch)

Ein Buch über Gartengestaltung. Nur ganz anders als gewohnt. Keine Riesengärten in lieblicher Landschaft. Der Autor gärtnert selbst, sein Garten ist klein, sein Pflanzenwissen unübertroffen. Und weil er auch noch mit wunderbar leichter Hand selbst von gärtnerischen Misserfolgen berichten kann, ist es mein Lesebuch der Gartengestaltung.

Hartmut Rosa:

Beschleunigung. Die Veränderung der Zeitstruktur in der Moderne.

Suhrkamp, 2005

Möchten Sie verstehen, warum wir unsere Gärten mit Gartenbuddhas fluten? Warum wir meinen, das was wir tun, immer schneller tun zu müssen und dadurch gehetzter und unglücklicher werden? Dann müssen Sie sich durch dieses in schönstem Soziologendeutsch geschriebene Buch quälen. Zur Belohnung erhalten Sie dann einen tiefen Einblick in das Funktionieren unserer Welt. Und das ist auf Dauer hilfreicher als jeder Gartenbuddha.

Dieter Wieland, Peter M. Bode und Rüdiger Disko:

Grün kaputt. Landschaft und Gärten der Deutschen.

Raben, 1983

Das aktuelle Wehklagen über Laubpuster, Schottergärten und den Niedergang der Gartenkultur ist nicht ganz so neu wie man vielleicht meint. 1983 gaben Koniferen, Waschbetonkübel und Rustikalkitsch den Autoren Anlass, grauenhafte Bilder mit beißendem Spott und wunderbaren Kommentaren zu versehen. Das zu lesen ist heute immer noch das reine Vergnügen. Ersetzt man über dreißig Jahre später die Konifere durch den Kirschlorbeer und das bepflanzte Wagenrad durch den Gartenbuddha, stellt man fest: Ja, es hat sich was geändert, denn es ist, trotz großem Öko-Gedröhne und Nachhaltigkeits-Gefasel, noch viel, viel schlimmer geworden. Das ist aber kein Grund, „Grün kaputt" heute nicht zu lesen.

Miyoko Ihara:

Misao the Big Mama and Fukumara the Cat.

Art Data, Japan, 2011

Die Enkelin, eine japanische Fotografin, fotografiert ihre auf dem Land lebende Oma und deren weißen Kater. Beide sind unzertrennlich. In jeder Lebenslage. Ob bei der Kaki-Ernte, beim Unkrautjäten, Kochen, Dösen oder Hortensienschneiden: Stets sind die alte Dame und Kater Fukumara zusammen und teilen ihr Leben. Ein grandioser kleiner Fotoband!

John Brookes:

Große Gartenschule.

Christian, 1995

Einige Aspekte in der Gartengestaltung sind von großer Bedeutung, denen in der Praxis (noch immer) zu wenig Aufmerksamkeit gewidmet wird: die Berücksichtigung der Umgebung, die Integration ortstypischer Elemente, eine ausgewogene Raumbildung und stimmige Proportionen. Nicht so beim englischen Gartenarchitekten John Brookes, der diese Einflussgrößen in seinem „Garden Design Book" leicht nachvollziehbar erläutert und „anwendbar" macht – ganz gleich ob in England, Mitteleuropa oder Australien. Diese Universalität gilt allerdings nicht für die im Buch vorgestellten Pflanzen …

Noel Kingsbury mit Piet Oudolf:
**Neues Gartendesign
mit Stauden und Gräsern.**
Verlag Eugen Ulmer, 2000

Wohl kaum ein Planer hat die letzten zwanzig
Jahre Gartengestaltung beeinflusst wie der
Niederländer Piet Oudolf. Weltweite Planungen
vom kleinen Hausgarten bis zur Highline in
New York haben ihn zu einer Berühmtheit werden
lassen. Zum Erfolg beigetragen haben auch
„seine" Bücher. Das wohl bekannteste stammt
aus der Feder von Noel Kingsbury, der es hervor-
ragend vermag, Oudolfs Ideen und Ansätze in
Text zu fassen. Der „Dutch Wave" ist mehr als Piet
Oudolf, aber kein Buch schafft es, diesen Stil so
gut einem größeren Publikum zu vermitteln.

Roberto Burle Marx.
**Kunst und Landschaften.
09.12.2009 – 06.03.2010.**
Brasilianische Botschaft Berlin, 2009

Fragt man berühmte Gartenplaner nach eigenen
Vorbildern, dann wird erstaunlich oft der All-
round-Künstler Roberto Burle Marx (1909–1994)
genannt. Gerade weil die jahreszeitlichen Wechsel
und Blühaspekte in Brasilien so gering ausfallen,
bedarf es anderer, starker Gestaltungselemente.
Gegen das „Dauergrün" des Urwalds setzt Burle
Marx auf Blattfarben und kräftige Formen, auf
Oscar Niemeyers charakteristische Bauten antwortet er mit ebenso großzügigen Bepflanzungen
und Wegebelagsmustern. Um den „Schwung" von
Burle Marx nachzuvollziehen, eignen sich viele
Bücher. Eine schöne Zusammenstellung seines
Werkes findet sich zum Beispiel im Ausstellungs-
katalog.

Wolfgang Oehme & James van Sweden:
**Die Neuen Romantischen Gärten.
Moderne Gartenkunst in der
Neuen Welt.**
Callwey, 1990. (OT: Bold Romantic Gardens)

Ein Wort hat man bei der deutschen Übersetzung
des Titels wegfallen lassen – und zwar das entscheidende: Bold, kräftig. Wolfgang Oehme hat
den Amerikanern zusammen mit seinem Partner
James van Sweden zum „New American Garden"
verholfen. Statt Rasen finden sich in ihren Gärten
großzügige Staudenpflanzungen. Dafür hat der
gebürtige Chemnitzer zahlreiche Stauden ausfindig gemacht, auch bei seinem Lehrmeister Karl
Foerster in Deutschland. Viele Pflanzen finden in
den 1990er-Jahren den Weg (zurück) nach Europa.
Oehmes Pflanzungen sind plakativ, haben eine
optische Masse. Bold eben. Van Sweden sorgt für
den passenden Rahmen aus Wegen und Flächen.

Derek Jarman & Howard Sooley:
Derek Jarman's Garden.
Thames & Hudson, 1995

Bis heute gibt es eigentlich nur zwei wirklich
relevante Kiesgarten-Bücher. Das von Beth Chatto
und eben jenes. Jarman hatte es auf den ersten
Blick einfacher, denn er ist dorthin gezogen, wo
nur Kies war (Halbinsel Dungeness). Daraus
einen Garten zu entwickeln, war allerdings umso
schwerer. Ein Buch über eine der kuriosesten
Landschaften Europas (im Angesicht des Atom-
kraftwerkes), über die Gewissheit, sterben zu
müssen und dem Lebenselixier, aus der vermeint-
lichen Ödnis ein blühendes Paradies zu schaffen.

Janis Ruksans:

Buried Treasures. Finding and growing the World's Choicest Bulbs.

Timber Press, 2007

Das große Zeitalter der Pflanzenentdecker liegt weit hinter uns. Fast. Noch immer gibt es Pflanzengruppen und Regionen, die Pflanzenverrückte locken. Einer der bekanntesten ist der Lette Janis Ruksans, der Blumenzwiebeln in Zentralasien und anderen Regionen sucht und findet. Auch wenn Flugzeuge in alle Länder fliegen, haben die letzten Kilometer nichts an Faszination und Gefahr verloren. Ein Buch von Abenteuern in fernen Welten, die Liebe zu kleinen Dingen und Landminen.

T.C. Boyle:

Grün ist die Hoffnung.

Dtv, 1990

500.000 Dollar für ein halbes Jahr Arbeit? Klar, denken sich drei Gestalten, die von einem Vierten überredet werden, für dieses fette Gehalt Marihuana in den Bergen von Kalifornien anzubauen. Regen, Schimmel, gefräßige Tiere, neugierige Nachbarn, der Sheriff und die Unwägbarkeiten der Biologie stehen allerdings dem Erfolg des scheinbar leichten Unternehmens im Weg. Ein hinreißender Abenteuerroman.

Bob Gibbons:

Wildblumen. 50 spektakuläre Blütenlandschaften der Welt.

Haupt, 2012

Farbgewaltige Blühaspekte ziehen fast jeden in ihren Bann. Rote Klatsch-Mohn-Felder etwa, die wir in Europa immer seltener antreffen. Oder blumenreiche Wiesen in den Alpen. Bob Gibbons hat die Welt bereist, um vergleichbare Biotope und Zeitpunkte der Pracht ausfindig zu machen. Viele dieser Ökosysteme bieten nicht nur spektakuläre Bilder, sondern sind auch hoch spezialisiert und sensibel. Das Buch ist der beste Grund, sich für den Schutz der Natur stark zu machen.

Norbert Kühn:

Neue Staudenverwendung.

Verlag Eugen Ulmer, 2011

Es gibt viele Bücher, die sich mit der Gartenkunstgeschichte beschäftigen. Ein Buch, das sich auf den ersten Blick nur mit der „Neuen Staudenverwendung" beschäftigt, kann dafür kein Ersatz bieten. Soll es auch nicht, denn es bietet viel mehr. Die Historie ist weder zu kurz noch zu lang abgehandelt, aber immer stringent erzählt. Dort, wo andere „Geschichte-Bücher" oft scheitern, nämlich bei der Vermittlung der jüngeren Gegenwart, trumpft Norbert Kühns Buch auf. Es gibt einen Überblick der verschiedenen Ansätze in der Pflanzenverwendung, ihre theoretischen Hintergründe und Zusammenhänge. Anspruchsvoll, aber eine Horizonterweiterung für jeden, der „mehr" als bloße Zufallspflanzungen möchte.

Wie ich Gärtner wurde

VON JONAS REIF

Es war eine Schublade, von der ich als Sechs- oder Siebenjähriger nicht mehr lassen mochte. In ihr befanden sich lauter Pläne von Gartengestaltungen, die mein Opa in den 1960er- oder 70er-Jahren angelegt hatte. Es faszinierte mich, wie er eine Idee erst zu Papier brachte und diese dann anschließend in die Realität umsetzte. Fragen dazu konnte ich ihm nicht mehr stellen, denn er war schon tot. Doch sein eigener, vielgestaltiger Garten existierte noch. Höhepunkt war zweifellos der Steingarten.

Ich begann selber Pläne zu zeichnen, wie mein Garten einmal aussehen sollte. Dann waren erst einmal andere Dinge dran, die kleine Jungs machen: Fußball spielen oder Höhlen im Wald bauen. Mit etwa zwölf Jahren begann ich mich dann plötzlich für Teiche zu interessieren. Ein erstes, kleines Wasserbecken entstand. Damals fiel mir ein Buch in die Hände, das mich wirklich weiterbrachte: Karl Wachter – Der Wassergarten. Statt „Seerose rot" wollte ich nun Nymphaea 'James Brydon' haben. Vor allem brauchte ich vernünftige, nicht wuchernde Pflanzen für den Rand. Im Sommer besserte ich mein Taschengeld auf, indem ich in einer Wassergärtnerei Phragmites australis (Schilf) zu Tausenden vermehrte.

Mein kleinerer Bruder begann sich ebenfalls für den Garten und speziell für Teiche zu interessieren. Erst baute ich einen größeren Teich, dann legte er nach – noch größer. Wie man dem entnehmen kann, hatten wir sehr tolerante Eltern und einen großen Garten. Natürlich hatte jeder auch irgendwann seine eigenen Steckenpferde. Ich entdeckte Fächer-Ahorne, Rhododendren und Heidekraut für mich, mein Bruder Englische Rosen. Ein Schlüsselerlebnis war Weihnachten 1994. Im Katalog der Rosenschule Ingwer J. Jensen (Glückstadt) war das Buch „John Brooks Große Gartenschule" (Lesen!) beworben und lag nach entsprechendem Wunschzettel nun unter dem Weihnachtsbaum. Es weckte meine Schubladen-Erinnerungen und den Drang, selbst einen großen Garten gestalten zu wollen.

Im Frühjahr darauf bot sich die einmalige Chance. In einer Lokalzeitung suchte ein Ehepaar per Annonce Unterstützung bei der Gartengestaltung. Sie hatten vermutlich jeden erwartet, nur keinen Fünfzehnjährigen, dessen Gestaltungskompetenz auf einem Gartenteich und einem vier Monate alten Buch fußte. Ich bot an, zunächst kostenfrei ein Konzept zu zeichnen. Daraus entwickelte sich ein über mehrere Jahre andauernder Umgestaltungsprozess, an dem der Planer tatkräftig beteiligt war.

Wenn ich mir die frühen Pflanzungen ansehe, dann waren die darin enthaltenen Pflanzen in etwa genauso gut geeignet wie die in Brookes Buch empfohlenen Pflanzen für das kontinentale Deutschland passend sind. So etwas nennt man wohl Lehrzeit (Lehrgeld) und mutige Gartenbesitzer – nochmals herzlichen Dank an Familie Keiderling/Barke!

Die Raumaufteilung überzeugt mich allerdings bis heute. Von da an wurde man „weitergereicht", es folgte ein Garten nach dem anderen. Gartengestaltung war meine Leidenschaft, aber könnte daraus auch ein Broterwerb werden? In Ostdeutschland? Eher unvorstellbar …

Der Zufall wollte es so, dass ich einen Teil meines Zivildienstes auf der Bundesgartenschau 2001 in Potsdam verbrachte – und Zweifel weckte. Statt für BWL oder Geografie schrieb ich mich an der TU Berlin kurzentschlossen für Landschaftsplanung ein. Schon im ersten Semester wartete eine Herausforderung auf mich. Das Studienprojekt „Stadt. Grün.Bunt" beschäftigte sich mit der Staudenverwendung. Während andere Referate zu bekannten Personen wie Karl Foerster oder Getrude Jekyll halten sollten, bekam ich einen gewissen Ernst Pagels, Gärtnereibesitzer in Ostfriesland, zugelost. In Zeiten, in denen das Internet noch mit Internat verwechselt wurde, keine einfache Aufgabe. Lebte der Kerl überhaupt noch? Ich schrieb einen Brief an die Gärtnerei. Noch heute erinnere ich mich, wie schwer es war Fragen zu stellen, bei denen der Protagonist gleichermaßen noch lebendig oder schon tot sein konnte.

Zwei Tage später hatte ich dahingehend Gewissheit, aber auf meine Fragen noch keine Antwort. „Die könne ich beantwortet bekommen, wenn ich ihn aufsuchen würde", schrieb mir Pagels. Für ein Referat nach Leer fahren? Im November? Was tut man nicht alles für einen gelungenen Start an der Uni …

Und dann das: Ein fantastisches Gräsermeer aus *Miscanthus*. Durch den Nebel drückten sich Sonnenstrahlen und gaben dem Augenblick etwas Magisches. Aus dem Bauernhaus trat ein schwarzer Mann, Pagels Koch, auf mich zu. Wo war ich? Herr Pagels würde mich bei einer Tasse Tee in der Stube erwarten. Fast neunzigjährig schlug mich der Mann in seinen Bann. Es ging um Stauden, Menschen, Weltanschauungen und Zukunftsprojekte – Pagels Zukunftsprojekte wohlgemerkt. Bis zu seinem Tod 2007 folgten zahlreiche Briefe und Besuche.

Er war es auch, der mich zu meiner gescheiterten Praktikumsbewerbung bei Oehme & Van Sweden (Washington) motivierte und vielleicht nicht ganz unschuldig war, dass es später in den Niederlanden bei Piet Oudolf klappte. Anja, die die Gärtnerei führte, und Piet Oudolf haben an meiner Entwicklung einen großen Anteil. Ich werde nie vergessen, wie Piet mir seine Planungsphilosophie am Küchentisch vermittelt hat, jenseits von den bunten Staudenpflanzungen, auf die er häufig reduziert wird. Es war mir eine große Freude, mich für Anjas und Piets Herzlichkeit revanchieren zu können, in dem ich ihnen bei der Erstellung eines neuen Kataloges helfen konnte.

Wenig später konnte ich erfahren, wie schwer es gleichermaßen kompetente, jedoch weniger „gehypte" Planer in Deutschland haben, als ich bei Petra Pelz ein weiteres Praktikum absolvierte.

Während des Studiums zeigte sich indes, wie schwierig es jungen Menschen fällt, mit Stauden zu planen, ohne von diesen eine bildliche Vorstellung zu haben (für Gehölze gab es damals schon reich bebilderte Kataloge). 2007 trat ich mit einer entsprechenden Idee an die Firma Foerster Stauden (Potsdam) heran, von denen ich schon als Jugendlicher meine Pflanzen bezogen hatte. Gerd Berthe und Wolfgang Härtel, die beiden Geschäftsführer, waren von der Idee sofort begeistert: „Dies wäre genau das richtige Mittel, um das hundertjährige

Mein erstes Beet im Garten Keiderling/Barke: Lavendel und Euonymus fortunei
Emerald'n Gold. Diese Kombination habe ich nie wieder versucht ...

Jubiläum der Gärtnerei 2010 zu feiern." Und dann kam die Frage: „Können Sie sich vorstellen, so etwas für uns zu entwickeln?" Wir einigten uns auf eine Halbtagsbeschäftigung über zweieinhalb Jahre. Ich sollte für den Text und die Mehrzahl der Bilder sorgen und dabei nicht nur das Sortiment Foersters wiedergeben, sondern auch das von Partner-Gärtnereien in Deutschland, Österreich und der Schweiz. Es gibt wohl kaum eine bessere Möglichkeit, sich so eingehend mit der Staudenwelt zu beschäftigen, wie diese.

Das Jahr 2008 begann mit einer Überraschung. Ich bekam kurzfristig eine zweite halbe Stelle – am Lehr- und Forschungsgebiet Pflanzenverwendung an der TU Dresden. Das, was mir bis vor kurzem selbst beigebracht wurde, sollte ich nun an fast Gleichaltrige glaubhaft vermitteln. Und es machte richtig Freude. Die Situation erlaubte es sogar, sich eigenen Forschungsinteressen zu widmen (Dauerhaftigkeit von Zwiebelblumen).

Eine derartige „Komfortzone" verlässt man eigentlich nur, wenn eine noch größere, attraktivere Herausforderung wartet. In meinem Fall war es ein Anruf im Dezember 2010. Der Ulmer Verlag suchte einen Nachfolger für Karlheinz Rücker, den langjährigen Chefredakteur der „Gartenpraxis", dem im In- und Ausland anerkannten Fachmagazin für anspruchsvolle Gartengestaltung und Pflanzenverwendung. Eine Tätigkeit, die ich damals mit großer Neugierde, aber auch Ungewissheit angetreten habe: Ein Journalist ist doch etwas anderes als ein Landschaftsplaner oder Wissenschaftlicher Mitarbeiter. Noch immer zögere ich, wenn ich gefragt werde, was ich eigentlich bin. Meine Töchter antworten dann manchmal schneller als ich: „Unser Papa ist Gärtner." Dann grinse ich und sage: „Ja, so ist das. Ich bin Gärtner – ehrenhalber." Das ist eine große Auszeichnung. Ich kenne viele Gärtner und weiß, dass sie ihren körperlich anstrengenden Beruf nie eintauschen würden. Richtige Gärtner sind liebenswürdige, naturverbundene und vor allem friedfertige Menschen.

Ein kostenloses Beratungs- gespräch

Freitagmorgen. 10.15 Uhr. Das Telefon klingelt.
„Naturdesign, Pfenningschmidt,
guten Tag!"

Eine ältere Männerstimme:
„Ja, sind sie ... mit den Pflanzen.
Wo bekomm ich denn die?"

„Entschuldigung, ich hab Sie jetzt ..."

„Ja, Sie sind ja da in der Zeitschrift da.
Wo bekomm ich denn die?"

„Entschuldigen Sie bitte, mit wem
rede ich denn da?"

„Ja, Kropchfdlwbmann. Sie sind ja in der
Zeitschrift da. Mein schöner Garten.
(Aus dem Hintergrund eine Frauenstimme:
„Kraut un Rüben. Der is bei Kraut un
Rüben. DAS musst du sagen!")

Ja, ne, Kraut un Rüben. Da sind Sie ja
immer. Da is ja jetzt mit den Astern. Ham
Sie da einen Katalog?"

„Einen Katalog? Ich bin keine ..."

„Sind Sie nich der? Aus Kraut und Rüben.
Hier: Pfennischmidt. Wo ist der denn?"

„Das bin ich. Das ist schon richtig,
aber ich habe keinen Katalog."

„Ach, ham Sie nich? Aber Sie schreiben
ja über die Pflanzen da, die Astern.
(Aus dem Hintergrund: „Frach doch einfach,
ob er die schicken kann. Was das kostet.
Frach doch mal!") Ja, aber können Sie die
denn schicken?"

„Entschuldigen Sie bitte, aber ich habe
keine Staudengärtnerei. Ich ..."

„Was kost das denn?"

„Herr, ich hab jetzt ihren Namen nicht ganz …"

„Kropchfdlwbmann."

„Sehen Sie Herr …, ich habe keine Staudengärtnerei und deswegen auch keinen Katalog. Ich bin …"

Aber wo is denn Naturdesign?
Hier. Naturdesign. Wo sind die denn?"

„Ja, das ist schon richtig! So heißt meine Firma. Aber ich bin keine Staudengärtne-rei, sondern mach nur Planung und …"

(Aus dem Hintergrund:„Frach ihn nach dem Katalog. Ob er den schicken kann.")
„Ach dann sind Sie das gar nicht?"

„Wie jetzt?"

„Sie ham jetzt gar keine Pflanzen?"

„Nein, ich mache nur Planung und Anlage von Staudenpflanzungen. Ich habe keine Gärtnerei. Ich habe deswegen …"

„Und wo kriege ich jetzt die Astern? Sie ham ja da über die Astern in der Zeitschrift geschrieben, aber wenn Sie die nun gar nicht haben …"

„Die bekommen Sie bei einer Staudengärtnerei."

„Das sind Sie ja nicht?"

„Ne."

„Und wer hat das jetzt hier? Wir wohnen ja hier in Meppen."

„Das tut mir leid. Die können Sie bestimmt auch alle im Internet bestellen. Das gibt …"

„Hab ich nich!"

„Bitte?"

„Ham wir nich. Wir ham kein Internet." (Stimme von hinten: „Er soll einfach den Katalog schicken. Und was das kostet. Frach mal.")

„Ach so. Ja, dann gehen Sie einfach zu einer Gärtnerei in Ihrer Nähe und bestellen die Pflanzen da."

„Inner Gärtnerei?"

„Richtig!"

„Und die ham das dann da, die Astern?"

„Herr …, das weiß ich nicht. Probieren Sie es doch einfach mal aus. Vielleicht haben die die da, vielleicht müssen die die für Sie bestellen."

„Ja, gut. Das können wir ja mal machen. Aber son Katalog haben Sie nicht?"

„Ne!"

„Ja, gut. Kann man nix machen. Ja, Tschüß dann." (Im Hintergrund: „ Vergiss nich zu fragen, was das kostet!")

Der Anrufer legt auf.

Bildquellen

art decor GmbH/www.art-decor.de: Seite 77| artproem/shutterstock.com: Seite 188 | Asterix® – Obelix®/© 2017 Les Èditions Albert René/Goscinny-Uderzo: Seite 105 o. | Ochs, Benne (Fotograf), Philipp und Keuntje (Agentur): Seite 111 | chrisberic/fotolia.com: Seite 17 | Diamant, Gerhild: Seite 144 (1) | Dinkel, Susanne nach Vorlage von Mike, 7 Jahre: Seite 19 | DWU Drechselwerkstatt Uhlig: Seite 140 | emka74/shutterstock.com: Seite 37 (6) | erlucho/shutterstock.com: Seite 105 u. | Fernandez, Miguel: Seite 159 (Cookies) | Flora Press/Derek Harris: Seite 14 | Flora Press/Nova Photo Graphik: Seite 119 | Frank Fichtmueller/shutterstock.com: Seite 37 (2) | Gabor Havasi/shutterstock.com: Seite 59 | Gärtner Pötschke/www.poetschke.de: Seite 142 | gettyimages SuperStock: Seite 149 / Geyer, Ute: Seite 2 | graphego/shutterstock.com: Seite 55 (Button) | Haidamac/shutterstock.com: Seite 56 | Hegewisch, Tibor: Seite 99 | Hoffmann, Till: Seite 135 | Hubrig Volkskunst GmbH: Seite 141 | iStock.com/apichat_naweewong: Seite 85 u. | iStock.com/deepblue4you: Seite 95 | Juergen Wackenhut/shutterstock.com: Seite 37 (7) | Jürgensen, Christoph: Seite 167 | Kichigin/shutterstock.com: Seite 97 re. u. | Killian, Axel: Seite 124, 127 | Manfred Ruckszio/shutterstock.com: Seite 12 | Martial Red/shutterstock.com: Symbol U4 re. | mauritius images: Seite 23, 27, 48, 51, 69 re., 71, 72, 73, 93, 116, 130 re., 132 o., 136, 152, 157, 159 (Steppe), 160, 166 | Mayländer, Michaela: Titelbild, Seite 102 | Menzel, Holger: Seite 145 (6) | Meyer, Christian: Seite 114 | Meyer, Thomas: Seite 54 | Michael Thaler/shutterstock.com: Seite 37 (3) | Milleniusc/shutterstock.com: Seite 61 | Mirek Kijewski/shutterstock.com: Seite 55 | Narith Thongphasuk/shutterstock.com; (Tafel): Seite 10, 148, 168, 176, 178 | Nickig, Marion: Seite 144 (2), 144 (3), 144 (4), 145 (1) | Oehlenberg, Christian: Seite 128 | Owens, Julie: California Boating and Waterways (2007), courtesy of Cal-IPC: Seite 25 o. | PAN-KUN/shutterstock.com: Seite 37 (4) | Peter Wolf/www.pewo-erzgebirge.de: Seite 15 | Pfenningschmidt, Jörg: Seite 7, 39, 40, 41, 53, 62, 64, 65, 67, 69 li., 74, 85 o., 87, 88/89, 91, 96, 120, 137 o., 138, 151, 153, 154, 155, 174 | Reif, Jonas: Seite 20, 78, 80, 81, 82, 83, 106, 108, 130 li., 132 Mi., 132 u., 134, 137 u., 145 (5), 145 (6), 144 (7), 145 (2), 145 (3), 145 (4), 145 (5), 145 (8), 145 (9), 162, 171, 172, 187 | reShoot 69/shutterstock.com: Seite 25 u. / Scheffler, Björn: Seite 31, 32, 33, 34, 35 | Schmoldt, Julia: Seite 145 (7) | Specialebloemen.nl: Seite 122 | Standard Studio/shutterstock.com: Symbole U4 li. u. Mi. | Sundays Photography/shutterstock.com: Seite 97 li. u. | Tainar/shutterstock.com: Seite 97 re. o. /teimy_photos/shutterstock.com: Seite 97 li. o. | Thenophone/www.thenophone.com: Seite 52 | TunedIn by Westend61/shutterstock.com: Seite 37 (1) | ullstein bild/Rosy Press: Seite 147 | United Archives GmbH/Alamy Stock Foto: Seite 100 | Verlag Eugen Ulmer: Seite 11, 112 | Volker Rauch/shutterstock.com: Seite 37 (5) | wavebreakmedia/shutterstock.com: Seite 42 | Wessels, Cecilia: Seite 5 | Wiege, Helmut: Seite 45 | WikimediaCommons/Graham Bould: Seite 169

Literaturverzeichnis

▸ Ausstellungskatalog Roberto Burle Marx. Kunst und Landschaften. 09.12.2009 – 06.03.2010. *Brasilianische Botschaft Berlin, 2009.*

▸ Brookes J., 1995: John Brookes' Große Gartenschule. *Christian.*

▸ Fichtner, U., 2004: Tellergericht. Die Deutschen und das Essen. *DVA.*

▸ Foerster, K., 1978, Einzug der Gräser und Farne in den Garten. *Neumann.*

▸ Gernhardt, R., 2008: Gesammelte Gedichte: 1954-2006 *5. Auflage, S. Fischer Verlag*

▸ Greisenegger, I., 1990: Wie viel Garten braucht der Mensch? *NP Buchverlag.*

▸ Hansen, R. & Stahl, F., 2016: Die Stauden und ihre Lebensbereiche in Gärten und Grünanlagen. *16. Aufl., Verlag Eugen Ulmer.*

▸ Pirc, H., 2017: Alles über Gehölzschnitt, *3. Aufl., Verlag Eugen Ulmer.*

▸ Pschyrembel, W., 2014: Klinisches Wörterbuch. *266. Auflage, Verlag Walter de Gruyter.*

Impressum

Die in diesem Buch enthaltenen Empfehlungen und Angaben sind von den Autoren mit größter Sorgfalt zusammengestellt und geprüft worden. Eine Garantie für die Richtigkeit der Angaben kann aber nicht gegeben werden. Autoren und Verlag übernehmen keine Haftung für Schäden und Unfälle. Bitte setzen Sie bei der Anwendung der in diesem Buch enthaltenen Empfehlungen Ihr persönliches Urteilsvermögen ein. Der Verlag Eugen Ulmer ist nicht verantwortlich für die Inhalte der im Buch genannten Websites.

Bibliografische Information der Deutschen Nationalbibliothek

Die Deutsche Nationalbibliothek verzeichnet diese Publikation in der Deutschen Nationalbibliografie; detaillierte bibliografische Daten sind im Internet über http://dnb.d-nb.de abrufbar. Das Werk einschließlich aller seiner Teile ist urheberrechtlich geschützt. Jede Verwertung außerhalb der engen Grenzen des Urheberrechtsgesetzes ist ohne Zustimmung des Verlages unzulässig und strafbar. Das gilt insbesondere für Vervielfältigungen, Übersetzungen, Mikroverfilmungen und die Einspeicherung und Verarbeitung in elektronischen Systemen.

© 2017, 2019 Eugen Ulmer KG
Wollgrasweg 41,
70599 Stuttgart (Hohenheim)
E-Mail: info@ulmer.de
Internet: www.ulmer-verlag.de
Lektorat: Antje Krause
Herstellung: Gabriele Wieczorek
Buchgestaltung, Umschlagentwurf
und Satz: Michaela Mayländer,
Stuttgart, www.sistermic.de
Bildbearbeitung: timeRay, Jettingen
Druck und Bindung: Neografia,
Martin, www.neografia.sk
Printed in Slovakia

ISBN 978-3-8186-0827-9

Bild: Antonina Potapenko/Shutterstock.com

ulmer-
gartengestaltung.de

Auf **www.ulmer-gartengestaltung.de** finden Sie
gebündelte Garten-Kompetenz.

1.000 Gartenberater, die Ihnen helfen, Ihre Ideen und Gartenträume auszuformulieren
und zu planen. **1.000 Landschaftsgärtner**, die diese Ideen für Sie professionell umsetzen.